PARA VIVER A GRANDE MENSAGEM

Richard Simonetti

PARA VIVER A GRANDE MENSAGEM

FEDERAÇÃO ESPÍRITA BRASILEIRA

ISBN 978-85-7328-673-1

B.N. 18.925

9ª edição – *Do 57º ao 61º milheiro*

000.5-O; 7/2010

Capa: Paulo Márcio Moreira

Projeto gráfico: Nathanael Souza

Composição e editoração:
Departamento Editorial e Gráfico – Rua Souza Valente, 17
20941-040 – Rio de Janeiro (RJ) – Brasil
CNPJ nº 33.644.857/0002-84 *I.E. nº 81.600.503*

Pedidos de livros à FEB – Departamento Editorial
Tel: (21) 2187-8282, FAX: (21) 2187-8298.

CIP-BRASIL. CATALOGAÇÃO-NA-FONTE
SINDICATO NACIONAL DOS EDITORES DE LIVROS, RJ.

S618p
9.ed.

Simonetti, Richard, 1935-
Para viver a grande mensagem / Richard Simonetti. – 9. ed. – Rio de Janeiro: Federação Espírita Brasileira, 2010
136p.: 21cm (Coleção Richard Simonetti)

ISBN 978-85-7328-673-1

1. Espiritismo. I. Federação Espírita Brasileira. II. Título. III. Série.

10-3534. CDD 133.9
CDU 133.7

20.07.10 27.07.10 020404

SUMÁRIO

NADA MELHOR

Em 1963, iniciante na arte de escrever, que persigo até hoje, *cometi* um artigo que, ousadamente, remeti ao Dr. Wantuil de Freitas, presidente da FEB, alimentando a pretensão de vê-lo aproveitado pela revista *Reformador*.

Seu título era "Medicina Pioneira", e enfocava um médico que orientava uma paciente quanto à necessidade de mudar sua postura diante da Vida, a fim de superar problemas existenciais e físicos que a infelicitavam.

Agradavelmente surpreendido, vi o artigo publicado em abril daquele ano. Desde então, continuei *cometendo* textos que meu *padrinho* gentilmente inseria no *Reformador*.

Sucederam-se colaborações ao longo de vários anos.

Então, novo atrevimento: escolhi os artigos publicados que considerei mais razoáveis, juntamente com material inédito, e *cometi* este livro.

Uma vez mais o presidente ofereceu-me uma *colher de chá*. Foi publicado em 1970 pela FEB.

***

Concordo plenamente com a concepção de que livros são como filhos, gestação intelectual trabalhosa, a exigir muito esforço, muita dedicação, naqueles dez por cento de inspiração e noventa por cento de transpiração, como dizia Thomas Alva Edison (1847-1931) a respeito de suas invenções.

Daí a alegria de vê-lo vir a lume, arauto de ideias, como diria Castro Alves (1847-1871). Desde então se sucederam muitas obras, dezenas, mas nada, nada mesmo, se compara à emoção do *primeiro filho*.

Marcou minha carreira como escritor. Sua publicação foi abençoado estímulo, que devo ao Dr. Wantuil, quando, generosamente, acolheu a colaboração do jovem principiante.

***

Entendo que é obrigação de todo literato evoluir sempre, superando limitações, aprimorando o estilo, o vernáculo, a forma de exposição.

Foi o que intentei, desde aquele distante 1963, procurando firmar um estilo simples, despojado, bem-humorado, com o intuito de *trocar em miúdos* a Doutrina Espírita, colocando-a ao alcance de qualquer leitor.

Não obstante, conversando com uma senhora, recentemente, ela afirmou enfática:

— Li todos os seus livros. Gosto de sua maneira descontraída e objetiva na abordagem dos assuntos, mas o meu preferido, de cabeceira, é *Para viver a grande mensagem*.

Pois é, leitor amigo, eu que imaginava ter evoluído como escriba...

De qualquer forma, ficarei feliz se este livro oferecer-lhe momentos de leitura agradável e edificante, ainda que você considere, como aquela senhora, que a partir dele não fiz nada melhor.

Bauru (SP), Janeiro de 2010.

MEDICINA PIONEIRA

AH!... DOUTOR!... Eu queria tanto ter saúde, a fim de ser um pouquinho feliz!... — suspirava aquela senhora que se habituara a percorrer os consultórios médicos, presa de distúrbios diversos.

— Minha filha — responde bondosamente o experiente facultativo —, este é o erro de toda gente, porque não se trata de procurarmos ter saúde para ser feliz, e sim de procurarmos ser felizes para ter saúde. Somente as pessoas em paz com a vida, que guardam em seus corações a euforia de viver, é que desfrutam do equilíbrio físico e mental que todos almejamos.

— Mas doutor!... como manter a euforia de viver se a cada instante sou contrariada por aqueles que me rodeiam? Como sentir-me em paz com a existência se nunca alcancei a plena satisfação de tudo aquilo com que sempre sonhei? É impossível ensaiar sorrisos, se pisamos espinhos!...

— Você não sabe o que é felicidade. Julga que ser feliz é ver atendidos todos os seus desejos e necessidades. Mas, ainda que isso acontecesse, continuaria infeliz, porque novos desejos e novas necessidades surgiriam. Quando nos acostumamos a pensar muito em nosso bem-estar, tornamo-nos insaciáveis. A felicidade não é nenhuma oferta gratuita da vida. Ser feliz é uma verdadeira arte a exigir, como todas as artes, muito esforço e dedicação para que a dominemos. Raros o conseguem porque os homens ainda se portam como crianças acostumadas a bater os pés e reclamar, em altas vozes, quando não lhes dão o brinquedo desejado.

— Vejo — interrompe a cliente — que o senhor me situa nesse rol de crianças! Bem... talvez ele tenha razão... E se for, como proceder para tornar-me adulta? Diga-me também o que revela a maturidade no indivíduo.

— É simples — explica o médico. — O nosso crescimento mental começa quando aprendemos a olhar para dentro de nós mesmos, esforçando-nos por eliminar o que há de errado em nosso íntimo.

Se formos sinceros e usarmos da mesma acuidade que nos permite enxergar facilmente as deficiências alheias, acabaremos por identificar o mal maior de nossa personalidade, o grande culpado de nossa infelicidade. Chama-se egoísmo — sentimento desajustante que nos faz pensar muito em nós mesmos, com total esquecimento dos outros; que faz exijamos respeito, afeto, compreensão, sem nunca oferecê-los a ninguém...

A partir do instante em que, sentindo o imenso prejuízo que o egoísmo nos dá, nos esforçamos por eliminá-lo, começamos a ser adultos.

E o homem adulto — aquele que sabe ser feliz — é o que tem plena consciência de suas responsabilidades diante da vida e da sociedade em que vive, observando-as integralmente...

É o que jamais cogita em edificar um oásis particular, isolado do sofrimento e da miséria alheios, pois compreende que a solidariedade é um dever elementar, indispensável à edificação da paz no mundo, e à preservação da paz na consciência...

É, enfim, o que observa, plenamente, o velho ensinamento da sabedoria oriental: "Quando nasceste, todos sorriam e só tu choravas. Procura viver de forma que, quando morreres, todos chorem e só tu sorrias!"

***

Esta entrevista hipotética define bem o esforço pioneiro de alguns médicos esclarecidos, conscientes de que muito mais eficiente que prescrever medicamentos para o corpo é cuidar do espírito.

Os pacientes deixam seus consultórios com interessantes receitas: integrar-se em instituições de assistência social; participar de campanhas que visem ao bem-estar da coletividade; recolher livros ou discos para hospitais e prisões; angariar fundos para instituições socorristas; visitar doentes; atender necessitados; adotar órfãos.

Estes médicos colocam em prática as lições inesquecíveis de Jesus, que há dois mil anos já ensinava que a fórmula mágica do equilíbrio e da alegria é fazermos ao nosso semelhante o bem que desejaríamos nos fosse feito.

MANSIDÃO

"Bem-aventurados os mansos, porque herdarão a Terra." (Mateus, 5:5.)

Na atualidade terrestre o vocábulo manso tem um sentido quase pejorativo. Usá-lo para referir-se a alguém soa como um xingamento. É como dizer: "É um pobre-diabo! Corre água em suas veias!"

Isso porque estamos distanciados da angelitude, e a violência é o clima próprio da personalidade humana, ainda próxima da animalidade.

Todavia, se diante da rudeza humana a condição de mansuetude parece vexatória, e quase um mal, diante de Deus representa um passo decisivo no caminho do aprimoramento moral.

O indivíduo manso é tão somente alguém que conseguiu superar os impulsos agressivos que caracterizam o estágio evolutivo em que nos encontramos, tornando-se senhor de si mesmo.

Esta é a mais legítima e a mais difícil de todas as conquistas.

De um modo geral, nos acontecimentos mais banais revelamos a instabilidade de nossas emoções:

Se alguém nos ofende, ou revidamos imediatamente ou sentimo-nos irremediavelmente magoados;

se o familiar faz uma observação menos feliz, criamos caso e não raro conturbamos as relações domésticas;

se o desconhecido nos causa prejuízo material, bradamos aos Céus, empolgamo-nos pela irritação, e por vários dias apresentamo-nos perturbados e inquietos.

O nosso centro de gravidade emocional não tem raízes em nós mesmos — estamos sempre flutuando, ao sabor do que acontece.

Já o indivíduo manso detém uma compreensão que lhe permite sobrepor-se aos acontecimentos, e, embora não fique impassível, não apresenta reações negativas.

Consciente ou intuitivamente ele sabe que "todas as coisas serão dadas por acréscimo àquele que busca em primeiro lugar o Reino de Deus e a sua Justiça", como ensina Jesus.

Em verdade, não é o caráter manso que o leva a buscar em primeiro lugar o Reino de Deus, e sim a busca do Reino de Deus que o leva a optar pela mansidão, num esforço de realização íntima para uma comunhão legítima com as fontes da vida.

***

Herdar a Terra não significa, naturalmente, que ela se tornará de nossa propriedade, e sim que viveremos aqui, quando, expulsas as forças do Mal, nosso mundo passará a um estágio mais elevado, onde predominará o Bem. Isso as próprias tradições religiosas o afirmam, quando proclamam a ressurreição dos corpos, no chamado juízo final.

O princípio da Reencarnação é bem mais racional, e tanto mais somos forçados a aceitá-lo quanto melhor observamos a condição imposta por Jesus: somente herdarão a Terra os que forem mansos!

Ora, quem é verdadeiramente manso? Mesmo aqueles que têm um comportamento considerado exemplar um dia "perdem as estribeiras", como diz a sabedoria popular.

Sem a Reencarnação a Terra ficaria deserta, já que, com raríssimas exceções, todos temos muita violência a esgotar de nossos corações.

Através das vidas sucessivas, com a aplicação da Lei de causa e efeito, que nos obriga a receber de volta toda violência praticada, aprendemos a conter impulsos primitivos, ajustando-nos às Leis Divinas.

Ontem nos comprazíamos em utilizar a força física para humilhar e fazer prevalecer nossa vontade. Hoje ostentamos um corpo mirrado, linfático, que inibe a agressividade em potencial que conservamos.

Ontem feríamos verbalmente, difamando, mentindo, conspurcando nomes respeitáveis. Hoje, distúrbios nas cordas vocais ou limitações nos centros de coordenação da voz nos obrigam a estancar o próprio veneno, reajustando a palavra.

Ontem cultivávamos rancor e mágoa, ressentimento e ódio, espalhando vibrações deletérias e desajustantes. Hoje, trazemos a mente torturada por mil problemas que nos fazem pensar no valor do perdão e da fraternidade, do respeito e da compreensão.

Assim, a Sabedoria Divina desfaz os derradeiros laços de animalidade a que nos apegamos, preparando-nos para o voo rumo à angelitude.

DEUS

Conta-se que Santo Agostinho estava muito empenhado em compreender a natureza íntima de Deus e entregava-se a longas meditações, sem, contudo, chegar a um resultado satisfatório.

Andava, certo dia, pela praia, quando viu um menino nas proximidades do mar, a tirar água de um buraco, utilizando-se de pequena concha.

— Que faz você, meu filho?

— Estou secando este buraco...

E Agostinho, a sorrir:

— Nunca o conseguirá, pois quanto mais água tirar, mais surgirá, e o buraco será cada vez maior. O mar é muito grande e a sua concha muito pequena!...

Nesse instante, com surpresa, observou que o menino transformava-se num anjo, que lhe disse:

— O mesmo acontece em relação à tua pretensão. Quanto maiores as tuas divagações sobre Deus, maiores as tuas perplexidades, pois Deus é muito grande, e a tua cabeça é muito pequena!...

Este episódio demonstra com clareza a impraticabilidade de se pretenderem grandes incursões na definição da natureza divina, pois não temos condições para uma visão ampla de Deus.

Mas é evidente que a nossa compreensão se desenvolve paralelamente ao progresso espiritual. Já vão longe aqueles dias em que adorávamos as forças da Natureza, emprestando-lhes atributos divinos. E embora não estejamos inteiramente libertos de concepções antropomórficas, encontramos no Espiritismo a iniciação nos domínios de um conhecimento mais amplo, em que podemos ver em Deus a Consciência Cósmica que criou e sustenta a vida em todas as suas manifestações, concebendo o Universo como a exteriorização do Pensamento Divino.

No capítulo primeiro de *O Livro dos Espíritos*, pergunta 13, Kardec tece alguns comentários acerca dos atributos do Criador. Diz ele:

"Deus é *eterno*. Se tivesse tido princípio, teria saído do nada, ou, então, teria sido criado por um ser anterior. É assim que, de degrau em degrau, remontamos ao Infinito e à eternidade."

Aqui temos um assunto para constantes perplexidades. É difícil conceber um ser que não foi criado, que não teve princípio. O episódio de Santo Agostinho demonstra que é inútil insistir nesse ponto.

"É *imutável*. Se estivesse sujeito a mudanças, as leis que regem o Universo nenhuma estabilidade teriam."

"É *imaterial*. Quer isto dizer que a sua natureza difere de tudo o que chamamos matéria. De outro modo, Ele não seria imutável, porque estaria sujeito às transformações da matéria."

"É *único*. Se muitos Deuses houvesse, não haveria unidade de vistas, nem unidade de poder na ordenação do Universo."

"É *onipotente*. Ele o é porque é único. Se não dispusesse de soberano poder, algo haveria mais poderoso ou tão poderoso quanto Ele, que, então, não teria feito todas as coisas. As que não houvesse feito seriam obra de outro Deus."

"É *soberanamente justo e bom*. A sabedoria providencial das Leis Divinas se revela, assim, nas mais pequeninas coisas, como nas maiores, e essa sabedoria não permite se duvide nem da justiça nem da bondade de Deus."

Dúvidas quanto a estes últimos atributos revelam, geralmente, um desvio de percepção. A razão é simples: Se tais sentimentos são latentes em nossos corações; se somente somos felizes quando damos e recebemos bondade e justiça, é lógico que em Deus eles devem existir em plenitude, já que fomos criados à sua imagem e semelhança.

Há dúvidas inspiradas numa visão limitada da realidade. Diante de um aleijado, alguém proclamará:

"Onde está a Justiça de Deus que dá plena possibilidade de movimentos a uns e pernas atrofiadas a outros?"

Poderíamos responder com outra pergunta:

"Quantos males terá praticado o infeliz em existências anteriores, a justificarem o sofrimento do presente, como recurso de resgate e reajuste?"

Outro objetará:

"Ainda que se admita a reencarnação, Deus não é bom! Está castigando!..."

Não! Deus não castiga ninguém! Ele é nosso Pai. Um pai que ama verdadeiramente seu filho não o castiga, mas, se for verdadeiramente sábio, não deixará de corrigi-lo.

E para os Espíritos milenarmente rebeldes e recalcitrantes, como os que compõem a Humanidade, a Dor é a grande disciplinadora.

ANTE O DESAJUSTE ALHEIO

FULANO ANDA envolvido por péssimas influências espirituais!... Senti-me extremamente mal junto dele!... É a consequência de seus vícios e desatinos! Infeliz... não sabe o que o espera!

— Passei em casa de beltrano... o ambiente estava horrível! Tão denso que dava para cortar... tive uma dor de cabeça!... Não vou mais lá — aquele pessoal é muito atrasado!

Tais comentários, comuns no meio espírita, embora exprimindo, às vezes, uma realidade, denotam ausência do mais elementar princípio de caridade. Se pretendemos a condição de cristãos, nosso dever é orar pelos que saibamos desajustados, calando considerações menos edificantes, sobretudo quando a pretexto de estudo tendem a menosprezá-los ou diminuí-los.

E antes de culparmos alguém por mal-estares importunos que nos assaltam, é preciso considerar que se a Doutrina dos Espíritos ensina que todos somos médiuns, sujeitos à influência boa ou má de encarnados e desencarnados, deixa bem claro, também, que tais relações estão subordinadas à questão da sintonia.

Onde e com quem estivermos, assimilaremos vibrações saudáveis ou deletérias, confortadoras ou debilitantes, mas sempre em afinidade com os pensamentos e interesses que caracterizam nossa vida íntima. Por isso, em vez de proclamarmos que o contato com ambientes "infernais" ou pessoas "carregadas" nos afetou o equilíbrio, melhor fora que reconhecêssemos:

— Não estou bem psiquicamente; tenho-me esquecido de orar e vigiar, pois me deixei envolver por influências inferiores.

É verdade que há pessoas extremamente sensíveis, mormente as que estão integradas no serviço mediúnico, que, mesmo quando dedicadas ao Bem e sob proteção espiritual, não conseguem furtar-se às sensações menos agradáveis ante o desajuste alheio. Mas nunca haveria efeitos a lamentar se mantivessem a serenidade e a compreensão à frente do fenômeno, o que, infelizmente, nem sempre ocorre.

Frequentemente, ao comparecer a um lar, em tarefa de auxílio, o médium é abordado pelo Espírito causador dos males que afligem aquela família. Pode ser um amigo ou parente que, dominado pela angústia e perplexidade que envolvem os que regressam ao plano espiritual sem o devido preparo, apela para o recém-chegado, já que inutilmente rogara o socorro dos membros da casa.

A vibração de seus pensamentos atinge o médium e, por tratar-se de entidade em desequilíbrio, o socorrista experimenta sintomas incômodos de depressão e até dores.

Muitas vezes, os orientadores espirituais — que sempre assessoram os que se dispõem a servir — efetuam a ligação fluídica entre ambos. Ao deixar aquele lar, o médium leva consigo o doente desencarnado, em trabalho preparatório de auxílio que será completado com a manifestação mediúnica em sessão espírita, horas ou dias depois. A reação mais acertada do médium seria dizer:

— Estou sendo acompanhado por um Espírito necessitado de ajuda. Orarei em seu benefício... à noite irei ao Centro, e, com a proteção de Jesus, esse irmão receberá, por meu intermédio, a luz do esclarecimento.

Entretanto, com raras exceções, a sua atitude é bem outra. O primeiro impulso, e aquele que sempre prevalece, é o de crítica:

— Meu Deus! O ambiente naquela casa está de amargar! Há uma malta de obsessores por lá! Sinto que alguns me acompanharam! Ó Senhor, afastai esses filhos das trevas que desejam a minha perdição!

Alimentando semelhantes fantasias, o servidor da mediunidade não só se perturba como compromete o trabalho de socorro ao infeliz "obsessor".

Possuindo noções dos ascendentes espirituais de todos os desequilíbrios que afligem as criaturas na Terra, o espírita, mais do que ninguém, está apto a estender auxílio e conforto ao redor de seus passos, benefícios que não pode recusar quando solicitado, pois o conhecimento superior que a Terceira Revelação lhe oferece não objetiva apenas seu deleite espiritual. Acima de tudo significa *compromisso de serviço*, já que muito deverá dar quem muito recebeu.

No desempenho desse mandato, jamais deverão empolgá-lo temores ou dúvidas, pois o equilíbrio e a paz serão seus companheiros de todos os momentos, se mantiver a disposição para servir e limpar o coração.

DINÂMICA DA RESIGNAÇÃO

UMA DAS MAIS BELAS virtudes que exornam a alma humana é a resignação, a expressar-se na aceitação dos males da existência, por fruto da vontade sábia e justa de Deus.

"O Senhor deu, o Senhor tirou! Bendito seja o seu santo nome!" — dizia serenamente Jó, após receber a notícia de que seus filhos estavam mortos e perdidos os seus bens.

Surgem, entretanto, sentimentos que, aparentando resignação, conduzem a caminhos tortuosos, distanciados dos desígnios divinos.

Há viajores que pedem pouso em albergues, revelando-se conformados com a indigência em que se encontram. Proclamam sua confiança no Todo-Poderoso, mas, quando o Senhor lhes faculta recursos de recuperação, no trabalho digno que surge, preferem as incertezas do caminho, demandando nova cidade. Esta resignação chama-se *vadiagem*.

Há chefes de família que procuram instituições de beneficência, a implorar auxílio. Não obstante a precária situação em que se encontram, repetem com convicção: "Se Deus quiser, tudo há de melhorar!" — mas continuam a pedir, alheios a qualquer esforço, ensaiando a profissão de mendigar. Esta resignação chama-se *indolência.*

Há crentes fervorosos que enfrentam aflitivos transes, de coração voltado para o Onipotente, sem palavras de desespero ou revolta, mas recusam buscar a normalidade, cultivando durante largos anos impressões que pertencem ao passado. Esta resignação chama-se *volúpia de sofrer.*

Há ardorosos fiéis que, colhidos por dificuldades e atribulações, erguem comoventes preces ao Alto, exaltando submissão à Vontade Celeste, mas passam as horas em queixas amargas e azedas imprecações, como se carregassem sobre os ombros as dores do mundo. Esta resignação chama-se *complexo de vítima.*

Admitir na adversidade a manifestação de desígnios divinos nenhum bem nos trará, se não considerarmos que o Senhor espera, sobretudo, que sigamos adiante, com a disposição de quem pretende melhorar a paisagem do mundo pela renovação de si mesmo.

Se um terremoto destrói nossa casa, é sublime manter a serenidade, considerando que é a Vontade Maior que se cumpre. Todavia, cruzar os braços e esperar que do solo brote nova residência é escolher o pior processo de reconstrução.

Mesmo os transcendentes princípios da Doutrina Espírita, que iluminam o caminho humano, proporcionando-nos uma visão panorâmica da Vida, pouco representarão, se não alcançarmos seu significado mais amplo, a indicar que é preciso confiar em Deus, mas é preciso, também, ação decidida no campo de nobres experiências, para que o Senhor possa confiar em nós, na edificação de um futuro de bênçãos.

Não basta que o conhecimento favoreça a resignação, porque conhecimento implica responsabilidade de viver. Viver, no sentido exato, é evolver, e ninguém evoluirá sem esforço.

Há muitos anos conhecemos simpática senhora, cujo filho fora vitimado, juntamente com outras crianças, em trágico desastre que enlutara dezenas de lares.

Dias mais tarde, enquanto as outras mães ainda choravam, em desespero, ela adotava um órfão, entregando-lhe as roupas, o quarto, os brinquedos e demais pertences do querido morto.

O filho que partiu nunca sairá de seu coração, mas o carinho que dedica ao filho que ela acolheu é bênção celeste em sua vida.

Eis a verdadeira resignação:

"Senhor, seja feita a tua vontade!" — diz uma mãe que perdeu o filho.

E, cumprindo a vontade do Senhor, aconchega ao seio um filho que perdeu a mãe!

REALIDADES

HÁ EM PSICOLOGIA dois conceitos de realidade: a que *vemos* — interior; a que *é* — exterior. Não é fácil conciliá-las...

Quase somos atropelados por um automóvel e criticamos acremente o motorista, maldizendo-lhe a irresponsabilidade... mas é apenas alguém que, em desespero, conduz o filho acidentado ao hospital.

Solicitamos uma informação ao transeunte e, porque se mantenha indiferente, agredimo-lo mentalmente, verberando-lhe a grosseria... mas é apenas um enfermo mental, necessitado de compaixão.

A esposa proclama-se desprezada e infeliz quando o marido retorna ao lar indisposto para a conversa... mas é apenas um homem cansado, após as exigências da profissão.

O esposo exaspera-se por não encontrar a casa na mais absoluta ordem ou por verificar-se ligeiro atraso na refeição... mas não considera os múltiplos problemas que uma mãe de família enfrenta todos os dias para garantir o serviço doméstico.

O dirigente do grupo mediúnico reclama, indignado, a indisciplina do médium ausente... mas o companheiro apenas sucumbiu ao assédio de agentes das sombras, e pede, acima de tudo, apoio e compreensão para que possa continuar a tarefa.

Julgamo-nos as criaturas mais desgraçadas da Terra ao surgirem determinadas situações... mas nós mesmos as planejamos antes do retorno à carne, por ensejo de renovação.

Sentimo-nos abandonados por Deus, se tarda a solução do problema difícil... mas sem Deus não existiríamos.

Conflitos íntimos e perturbações nascem e evoluem na proporção exata da distorção entre o que *vemos* e o que *é*. Quanto mais deformada for a nossa visão interior da realidade exterior, mais distanciados estaremos da harmonia.

A verificação é simples: se alimentamos ressentimentos, mágoas e rancores é porque não estamos enxergando bem. Semelhantes estados d'alma são fruto de lamentável miopia íntima.

O mais eficiente recurso para corrigir esse desvio de perspectiva é a educação. Não apenas a que se recebe na escola e no lar, mas, sobretudo, a autoeducação, em cujo currículo despontam, por essenciais, a autoanálise, o estudo nobre, o labor da meditação e a disciplina dos sentimentos.

Nesse esforço não podemos olvidar, jamais, o Evangelho, cujos ensinamentos, de eloquente simplicidade, estão ao alcance de todas as inteligências, descortinando-nos a visão grandiosa da suprema realidade: o Amor de Deus em nossa vida e a vivência do Amor, que nos conduz a Deus!

As dificuldades que experimentamos, em observar a mensagem evangélica, apenas demonstram quão distanciados estamos do que é.

PROFILAXIA DA INDOLÊNCIA

DENTRE AS INÚMERAS arestas que infelicitam o homem, destaca-se a indolência, pela soma de males que ocasiona.

De um modo geral, somos todos mais ou menos indolentes, característica própria do estágio evolutivo em que nos encontramos.

Atendemos nossas responsabilidades de serviço, seja no lar, nos estudos escolares ou nas atividades profissionais, apenas o estritamente necessário, e costumamos considerar como mais felizes as horas em que não há obrigações a cumprir e podemos buscar diversões, conversar despreocupadamente, ou, simplesmente, não fazer nada.

Entretanto, se analisarmos nossa conduta nesses momentos, verificaremos que, com raras exceções, nossos comentários tenderão para assuntos mundanos, vazios de significado, ou resvalarão para a queixa e a maledicência, enquanto a nossa mente estará povoada por estranhos pensamentos.

É que a inatividade física e mental enseja livre curso ao mal que habita nosso coração, fruto de milenários gestos de rebeldia.

Com semelhante procedimento, não só turvamos a harmonia íntima, em processo de autoenvenenamento espiritual, como somos facilmente envolvidos por Espíritos interessados em nos precipitar no vício ou na perturbação.

Por isso, se alguém nos perguntar qual o melhor recurso para restabelecer ou preservar o equilíbrio, físico ou psíquico, responderemos sem hesitar:

"Trabalhe e trabalhe! Não perca a bênção das horas, tesouro de valor inestimável que o Senhor nos concede para edificação de nossas almas."

"Revele interesse pelas tarefas que lhe foram confiadas; realize pequenos serviços no lar; escreva aos amigos; consagre-se à leitura nobre; estude as obras espíritas; consulte o Evangelho."

Integre-se no serviço do Bem, movimentando as pernas na visita ao enfermo; os braços no labor da Fraternidade; os lábios na exaltação do otimismo e da tolerância; a mente no cultivo da prece e da meditação; o coração na prática do Amor e da Caridade.

O trabalho, com perfeito equilíbrio entre suas expressões materiais e espirituais, é indispensável fator de bem-estar e alegria. Considerá-lo simples obrigação, a ser adiada ou evitada sempre que possível, é favorecer o desajuste.

Muitos se entregam à apatia, forma mórbida de indolência, em virtude de acontecimentos inesperados e dolorosos ou de situações difíceis que parecem não ter fim.

A estes repetiríamos com ênfase:

"Trabalhem e trabalhem!"

"Não parem, porque pior que a luta é deixar de lutar."

"Pior que a dor é entregar-se ao desalento."

"Pior que a provação é considerá-la uma desgraça."

"Quem resolve parar retarda a chegada."

"Quem permanece sentado atrofia as pernas."

"Quem renuncia à razão arrisca-se ao desequilíbrio."

Para os que desejam o melhor, não há outra escolha que a de continuarem a jornada, sem jamais se deixarem abater pelas asperezas do caminho.

Manter a disposição para a boa luta, perseverar no serviço, revertendo em benefício do próximo todas as aquisições materiais e espirituais, é despertar em nosso íntimo as potencialidades mais nobres da personalidade humana, ensejando clima propício para o desabrochar das virtudes evangélicas, último degrau de humanidade, primeiro degrau da angelitude.

FORMALISMO DEFORMANTE

Por uma limitação inerente às suas imperfeições, os homens tendem a malbaratar os patrimônios morais que lhes são confiados pela Espiritualidade, trazidos por grandes missionários que, periodicamente, estagiam na carne.

A Tábua dos Dez Mandamentos da Lei, recebida por Moisés, no monte Sinai, é um exemplo típico. Representando os fundamentos essenciais da Justiça, aquelas normas disciplinadoras deveriam banir da sociedade humana males como o adultério, o roubo, a idolatria, a cobiça, a mentira...

No entanto, os próprios sacerdotes judeus transgrediam, com frequência, os preceitos divinos, reduzidos a letra morta, e observados somente quando consultavam seus interesses pessoais. Guardavam apenas as aparências, e tão hábeis se mostravam na simulação que o vocábulo "fariseu", que designava a classe sacerdotal dominante, ficou para a posteridade como sinônimo de hipocrisia.

E se a comunidade não ia bem, por culpa deles próprios, em vez de orientá-la melhor, oferecendo-lhe exemplos de dignidade e honestidade, os fariseus limitavam-se a congregar o povo na sinagoga, onde, por sortilégios especiais, transferiam seus pecados para um bode. Em seguida, o animal era sacrificado e os presentes estavam puros novamente, e prontos a reincidir nos mesmos erros, na mesma viciação. "Cegos conduzindo outros cegos" — dizia Jesus...

Idêntico formalismo invadiu o culto cristão, a partir do século quarto, quando o Cristianismo foi convertido por Constantino em religião oficial do Império Romano, numa união espúria, condenada pelo próprio Cristo, ao proclamar que não se pode servir a dois senhores.

Organizado o sacerdócio, substituiu-se a vocação religiosa pelo profissionalismo religioso. Para garantir a casa cheia, foi absorvido, sob nova nomenclatura, todo o ritualismo pagão, tão a gosto da multidão. E se a consciência não está tranquila, submeta-se à penitência, atenda ao ritual, efetue a doação em favor de obras pias, e o crente estará "limpo".

Sempre a velha tendência humana de ficar na aparência, ignorando a essência; sempre a formalidade, sem cuidados de formação.

E o Espiritismo, a nova revelação divina que abre perspectivas para o Infinito, estará sujeito a enganos tão lamentáveis?

Como ideal, como meta a ser alcançada, jamais! Allan Kardec deixou isso bem claro ao afirmar que *a Doutrina Espírita caminhará com os homens, sem os homens, apesar dos homens.*

A concretização do ideal espírita, porém, está condicionada à ação de seus adeptos, tanto que Léon Denis, o admirável discípulo do codificador, advertiu que *o Espiritismo será o que dele fizerem os homens.* E neste particular ainda há muito a desejar.

A Terceira Revelação vem difundindo-se de forma notável. A mente humana, perplexa ante a conturbação dos tempos que passam, é campo fértil para a semeadura de seus princípios. Mas é uma expansão muito mais quantitativa que qualitativa. Cresce o número de profitentes, mas não o de participantes empenhados numa vivência legítima dos postulados doutrinários.

Não é difícil explicar esse comportamento. Quase todos os espíritas vieram de religiões tradicionais a que estiveram ligados na existência atual ou anterior, e trazem, cristalizada em sua formação intelectual, a concepção de que ser religioso é simplesmente frequentar um templo e submeter-se a determinados rituais, a fim de receber as bênçãos de Deus.

Entretanto, o Espiritismo não admite esta ideia, tanto que não há no culto espírita nada que possa sugerir exterioridade. A reunião espírita é, acima de tudo, um avançado curso de aprimoramento moral, em que aprendemos, por lição fundamental, que ninguém atinge o Reino de Deus gratuitamente; a consciência tranquila e a alegria e a paz interior são conquistas que exigem trabalho, muito trabalho, na lavoura do Bem e da Virtude.

O espírita que não se compenetra dessa realidade, indiferente ao esforço da própria renovação, está, de certa forma, desvirtuando a Doutrina, porque quem o conhece tenderá a julgá-la por sua conduta. E pior, estará comprometendo o próprio futuro, já que "àquele a quem muito foi dado, muito será exigido".[1]

---

[1] Lucas, 12:48.

O BEM TODOS OS DIAS

A PAR DAS EXORTAÇÕES quanto aos imperativos da reforma íntima, não se cansam os orientadores espirituais de enaltecer o valor de nosso esforço em favor daqueles que, por força de suas provações, atravessam existência atribulada.

O treino da caridade, mais do que simples recurso para aquisição de créditos espirituais, é fator indispensável de renovação para toda a Humanidade, pois, enquanto o número de indiferentes constitui esmagadora maioria, persistem as causas geradoras da miséria e do infortúnio.

Todavia, as criaturas humanas permanecem, ainda, distanciadas da reflexão e do espírito de sacrifício, indispensáveis à vivência da verdadeira caridade.

Praticamos o bem ocasionalmente, apenas nas raras oportunidades em que nos sentimos dispostos e plenamente favorecidos pelas circunstâncias. Sempre que exija mais do que nos sobra ou implique trabalho não previsto, recusamos o ensejo.

Encontramos o miserável seminu, vestes em frangalhos, e lamentamos: "Coitado! Infelizmente não tenho nada para lhe dar... minhas roupas são todas novas..."

Diante do indigente que pede um prato de comida em nossa porta, informamos: "Sinto muito, meu velho, mas já jantamos e não sobrou nada..."

Às vezes, num rasgo de generosidade, que pode também significar pressa em livrar-se do importuno, abrimos os bolsos e damos algum dinheiro àquele que nos procura. Mas a simples esmola, não raro, irá tão somente alimentar vícios como o álcool e o fumo, agravando os males do infeliz.

O pior é que nos acostumamos a ver miséria e sofrimento e, embora nos sintamos sensibilizados diante dos casos mais dolorosos, isso não implica outra preocupação além daquela que temos com nosso bem-estar e o de nossa família.

Cuidamos com carinho da alimentação de nossos filhos, sem medir sacrifícios para proporcionar-lhes mesa farta, e ignoramos aqueles que morrem de fome...

Passando pelo mendigo, filosofamos: "Que provação, meu Deus! Quantos males terá praticado esse infeliz para ser colhido em tal situação!..." — e continuamos rumo ao cinema ou ao passeio, sem cogitar pelo menos de resolver seus problemas mais imediatos...

Gastamos energias e dinheiro em noitadas alegres, considerando que é preciso distrair o espírito, mas evitamos avaliar quantos benefícios poderíamos prestar se aplicássemos tais recursos na distração de socorrer os humildes...

Se o familiar adoece, deixamos até mesmo o trabalho pelo ganha-pão diário, a fim de permanecer ao seu lado, mas não admitimos a possibilidade de renunciar a alguns minutos de descanso para visitar no hospital aqueles que, sem família ou amigos, anseiam por uma palavra de incentivo e bom ânimo...

Em verdade, não podemos, por enquanto, deixar prazeres e conforto, pois muito longe estamos da virtude de um Francisco de Assis ou de um Bezerra de Menezes.

Mas se não podemos ser o máximo, por que não ser o mínimo? Se não podemos dedicar todas as horas a serviço do próximo, condição do verdadeiro cristão, que sabe que tanto mais feliz será quanto menos pensar em si, por que não lhe dedicar pelo menos uma hora por dia?

Para tanto, é preciso que nos disponhamos a dar não apenas ocasionalmente, mas sempre; não apenas o que nos sobra ou é inútil, mas também o que nos serve; não apenas quando seja fácil, mas também quando exija esforço e perseverança. Então, estaremos no caminho certo.

Há muito que se fazer em albergues, orfanatos, berçários, hospitais, creches e outras obras espíritas que carecem de colaboradores dispostos a arcar com as responsabilidades de direção e manutenção.

Não se pode admitir o adepto da Terceira Revelação divorciado do trabalho social. E se grande tem sido a contribuição da família espírita nesse trabalho edificante, ainda que uma minoria o desenvolva, imaginemos quanto poderia ser feito se *todos* nos dispuséssemos a servir nossos irmãos!

Assim procedendo, não faremos favor a ninguém. Na realidade, estaremos apenas realizando o mínimo indispensável para que vivamos em paz.

Somente quando nos dispomos a abrir o coração, dando de nós para os outros, é que temos condições para receber as bênçãos de Deus.

SUICÍDIO INCONSCIENTE

A CORTINA FÚNEBRE, à porta, anuncia o velório. Sobre a mesa, em sala de regulares proporções, está a urna funerária em que um homem dorme seu último sono. Não terá mais de 45 anos...

Ao lado, a viúva, inconsolável, recebe condolências... Muitos repetem, à guisa de conforto, as clássicas palavras: "Chegou sua hora... Deus o levou!..."

Piedosa mentira! Aquele homem foi um suicida! Aniquilou-se, lentamente, fazendo uso desse terrível corrosivo que se chama irritação. Incapaz de sofrear impulsos violentos, eterno repetente nos exames de compreensão, favoreceu a evolução de distúrbios circulatórios, culminando com a trombose coronária fulminante que lhe abreviou os dias!

A máquina física possuía vitalidade para mais vinte anos, no mínimo... vinte anos perdidos na Escola da Reencarnação! Regressa ao plano espiritual enquadrado no suicídio inconsciente, que lhe imporá longo período de perturbação e sofrimento nas regiões umbralinas.

Raros, segundo André Luiz, os que atingem a condição de *completistas*, isto é, que aproveitam, integralmente, as experiências humanas, estagiando na carne pelo tempo que lhes fora concedido. E há muitas maneiras de autoaniquilar-se em prestações...

A atualidade terrestre é de pleno domínio das sensações, em que a criatura humana pretende, com a satisfação dos sentidos, compensar suas frustrações ou libertar-se da tensão, males próprios de uma sociedade que atinge culminâncias no campo material, mas permanece subdesenvolvida moralmente.

Sob a orientação da propaganda mercenária, multidões buscam a maneira mais agradável de minar as defesas orgânicas com libações alcoólicas, baforadas nicotinizadas ou excessos à mesa.

Muitos resvalam para o uso indiscriminado de estupefacientes e alucinógenos, ante as perspectivas da tranquilidade artificial ou da euforia ilusória.

O pior são os vícios mentais...

Há os hipocondríacos, que tanto imaginam enfermidades que acabam vitimados por elas...

Há os melancólicos, que recusam às células físicas o indispensável suprimento de energias psíquicas...

Há os maledicentes, que se envenenam com o mal que julgam identificar nos outros...

Há os rebeldes, que rompem as próprias entranhas com os ácidos da inconformação e do pessimismo...

Há os apegados à família e aos bens terrenos, que sobrecarregam o veículo carnal com preocupações injustificáveis...

Para que o Espírito reencarnado transite em segurança na Terra, movimentam-se, no plano espiritual, familiares, amigos, instrutores, médicos e enfermeiros que o amparam e protegem, orientam e socorrem em todas as circunstâncias.

No entanto, apesar de tantos cuidados, seus pupilos, com raras exceções, são expulsos do vaso físico, depois de o haverem destruído de fora para dentro, com a intemperança, e de dentro para fora, com a má direção que imprimem à vida mental.

Haverá sempre quem proclame que semelhantes observações estão impregnadas do ranço de puritanismo retrógrado, mas são apenas conclusões a que não se pode furtar quem estima a lógica.

Se a roupagem carnal é concessão divina que nos permite abençoado aprendizado nas asperezas do mundo, por que não preservá-la, observando disciplinas que a própria Medicina demonstra serem indispensáveis à estabilidade orgânica?

Cercado por dezenas de visitantes, após a reunião mediúnica, na Comunhão Espírita Cristã, em Uberaba, dizia Chico Xavier:

"Meus irmãos, quando eu psicografava o livro *Nosso Lar*, tive, muitas vezes, a visão de milhares de Espíritos que aguardavam, há longo tempo, a oportunidade de reencarnar, ansiosos pelo reajuste.

Respeitemos o corpo que o Senhor nos concedeu, porque não será fácil uma nova oportunidade. Tenhamos cuidado com os enganos do mundo e, sobretudo, estimemos a serenidade. Se alguém nos der uma alfinetada, digamos:

Obrigado por me espetar com um alfinete novo! Eu merecia um enferrujado!"

A visão do querido médium é um convite a sérias reflexões, e a singela alegoria do alfinete consagra a Humildade.

O homem verdadeiramente humilde, que conhece suas fragilidades e reconhece a grandeza de Deus, faz-se, espontaneamente, servo da compreensão e da tolerância, da simplicidade e da fraternidade, sobrepondo-se aos lamentáveis desvios que conduzem multidões desvairadas aos precipícios do suicídio inconsciente.

MEDIUNISMO E DOUTRINA ESPÍRITA

Ao redor de rústica mesa, em pequena sala de modesta vivenda, estão sentadas diversas pessoas. A estatueta do santo protetor, ao lado do rosário de velhas contas; os quadros de motivação religiosa na parede nua; a chama de pequena vela, única luz a afugentar as trevas da noite, e a repetição monótona de rezas e palavras cabalísticas, exprimem o sincretismo em que se desenvolve a reunião, num amálgama extravagante de ritos africanos e tradições católicas. Uns instantes mais e manifesta-se o fenômeno mediúnico...

Ao centro, uma mulher, que até então estivera mergulhada em funda concentração, parece despertar. Conservando as pálpebras cerradas, transmite em voz arrastada, repleta de interjeições e cacoetes verbais, a palavra de um Espírito que se apresenta como seu mentor. Após cumprimentos preliminares, a Entidade ouve os reclamos de uma senhora em prantos:

O marido distanciou-se dos compromissos conjugais, entregue a aventuras menos dignas; os filhos mostram-se rebeldes e irrequietos; ela mesma não saberia definir as estranhas sensações de angústia e depressão que a dominam, como se fosse sitiada por forças maléficas.

A médium revela apreciáveis faculdades. Por seu intermédio, o manifestante causa admiração à consulente, pois demonstra perfeito conhecimento de sua vida familiar. Diz os nomes de seu marido e filhos; reporta-se a fatos de seu exclusivo conhecimento e, por fim, informa a causa de suas atribulações: trata-se da influência nefasta de um grupo de obsessores convocados por perversa mulher que pretende roubar-lhe o companheiro. Após recomendar a aplicação de defumações, o uso de amuletos e rezas diárias, despede-se, prometendo modificar a penosa situação.

***

Milhares de pessoas procuram a cura de seus males ou a solução de seus problemas em reuniões dessa natureza, preferindo-as aos Centros Espíritas bem orientados, onde o fenômeno mediúnico é disciplinado pelo estudo da Codificação Kardequiana. Os motivos são simples: há maior intimidade; podem conversar à vontade com os "mensageiros", e estes não só oferecem a diagnose de suas aflições, com a mais perfeita inflexão de segurança, como garantem decisiva intervenção.

É preciso considerar, entretanto, que a grande maioria dos médiuns entregues a esse tipo de intercâmbio cobram por seu trabalho ou estimam recompensas. Empolgados pelo interesse pecuniário, desvirtuam a mediunidade e não podem, de forma alguma, estar bem assistidos. Muitas vezes manifestam-se por seu intermédio os próprios interessados na desgraça dos consulentes, iludindo-os com falsas promessas e gerando animosidade contra pessoas que nada têm a ver com seus males.

Ainda que se disponham a auxiliar sem exigir remuneração, são elementos arredios à disciplina, desconhecem o estudo e nem sempre primam pela virtude, o que os torna vítimas de frequentes mistificações. Por isso, com raríssimas exceções, não apresentam condições para sintonia com a Espiritualidade Maior, tornando-se intérpretes de entidades terra a terra que, quando bem-intencionadas, revelam ausência de discernimento e usam métodos nem sempre recomendáveis.

A ação destes Espíritos é comprometida por suas próprias limitações, pois geralmente pretendem modificar situações cujas causas reais desconhecem e, quase sempre, após aparentes soluções, os problemas ressurgem mais difíceis. Não é raro, também, violentarem o livre-arbítrio de encarnados e desencarnados, nos casos em que se propõem a intervir e, para ajudar uns, perturbam outros. Guardando as mesmas tendências dos médiuns que os servem, estimam os rituais e as práticas exóticas, cujo único mérito é o de impressionar os menos avisados.

Bem diverso é o procedimento dos mentores que se manifestam nas sessões realizadas à luz da Doutrina Espírita. Estes conhecem as causas do passado, determinantes das atribulações do presente, e sabem que antes de tentar modificar situações é preciso que os próprios interessados se modifiquem. Dedicam o mesmo carinho tanto ao que procura solução, como ao que originou o problema, pois ambos são filhos de Deus, e agem com a prudência de quem compreende que a violência agrava todos os males. Suas exortações lançam luz sobre as realidades da Vida e evidenciam a imperiosa transformação dos sentimentos íntimos em busca do melhor, para que a alegria e a paz sejam nossas companheiras.

Infelizmente, mesmo entre os espíritas, muitos preferem as reuniões mediúnicas nos moldes descritos. Afinal, é bem mais agradável ouvir o Espírito que proclama: "Vou libertá-lo de seus males e resolver seus problemas", do que aquele que adverte: "A cura de seus males e a solução de seus problemas dependem de você mesmo! Corrija-se! Supere suas deficiências! Desperte da ilusão! Evite o erro e o vício! Não fique indiferente aos valores da Vida! Cumpra suas obrigações diante de Deus! Preocupe-se com o próximo!"

Convém não esquecer, entretanto, que os primeiros podem apenas amenizar atribulações que em breve recrudescerão, enquanto os segundos procuram libertar-nos em definitivo. E sem jamais negarem seu inestimável auxílio, lembram, com Kardec:

"Ajuda-te, que o Céu te ajudará!"

DOENÇA E MEDIUNIDADE

HÁ MUITOS ANOS, Macário Varela sofria uma insuficiência hepática que lhe causava intermináveis sofrimentos, em crises violentas, caracterizadas por náuseas, cefalalgia e vertigens, debeladas à custa de muito remédio e quase completo jejum.

Especialistas consultados prescreviam os mais variados tratamentos. Tudo inútil! O mal perpetuava-se, amargurando-lhe a existência.

Certa vez, compareceu a uma reunião espírita, em reduzido grupo familiar, e ouviu, sem muita convicção, um mentor amigo dizer-lhe que sua enfermidade tinha ascendentes espirituais. Tratava-se de um desafeto desencarnado que o atacava, procurando vingar-se de passadas ofensas. Aconselhou-o a frequentar assiduamente um Centro Espírita bem orientado, a cultivar a oração e, sobretudo, a adotar uma conduta mais sadia e otimista, renovando-se para renovar o agressor e alcançar a libertação.

Tais afirmativas causaram estranheza a Macário. Como falar em agressão de alma de outro mundo, se o seu mal não passava de um distúrbio orgânico perfeitamente diagnosticado pela Medicina, sob rigorosa comprovação em testes de laboratório?!

Ele próprio poderia comprová-lo: bastaria o mais leve excesso alimentar para que viesse, terrível, a crise.

A perplexidade de nosso herói é a mesma de muita gente que, sofrendo os mais variados distúrbios físicos, ouve falar de uma etiologia espiritual. Mas não é difícil compreender: os crimes, os deslizes morais, as atitudes intempestivas, os gestos impensados, os vícios e paixões provocam, invariavelmente, desajustes psíquicos que, refletindo-se no corpo somático, dão origem à infinidade de doenças que afligem a Humanidade.

Alguém já disse que a Dor é o cadinho purificador da Alma. A imagem é bem mais significativa que se poderia imaginar: as doenças são autênticas válvulas de escoamento das trevas acumuladas pelo Espírito em delitos do pretérito.

Em Macário, o desajuste espiritual reflete-se mais intensamente no fígado, alimentando o distúrbio hepático. E sempre que sofre o assédio do perseguidor desencarnado, é aquele órgão, seu ponto mais vulnerável, que sofre o impacto maior, favorecendo a evolução de nova crise.

Se obedecer à orientação do Mentor, ele acabará por libertar-se da incômoda influência, já que nem mesmo o mais empedernido inimigo resistirá por muito tempo aos exemplos edificantes de uma consciência desperta para os valores mais nobres da existência.

Isso não o curará totalmente do mal que o aflige. É a sua cruz, o seu Carma. Representa a resposta da Vida aos deslizes do passado, a colheita obrigatória dos espinhos semeados, e ninguém poderá prever quando se esgotarão as sombras acumuladas, nem quando terá resgatado o último ceitil.

Todavia, se sofria vinte crises anuais, passará a sofrer metade ou menos. E serão bem mais suaves, porque encontrarão um Macário confiante, forte, apoiado na oração, o que favorecerá o socorro do plano espiritual.

Macário poderá ir mais longe: Se, assimilando os ideais mais nobres da Doutrina dos Espíritos, fizer da Caridade a sua Lei, e da Solidariedade sua norma de conduta; se jamais possuir outra aspiração que a de servir, nem buscar outra alegria que aquela refletida no sorriso colocado em lábios alheios; se sempre ignorar o mal que lhe façam por estar interessado no Bem que possa fazer, então, as crises serão ainda menos frequentes e podem até desaparecer em definitivo. Convertido em agente do Bem na Terra, a mesma luz que acender para os outros lhe purificará a alma.

Por isso Jesus proclamava que o Amor cobre a multidão dos pecados.

ESTRANHA OBSESSÃO

Ante a crise cardíaca que se agrava, sufocado pela dispneia, olhos nublados pela sombra da Morte, o doente apega-se à vida. Apavora-o a perspectiva de deixar o convívio da esposa dedicada e dos filhos queridos.

Os órgãos vitais não conseguem atender às solicitações do cérebro sobre-excitado, e o descontrole da máquina física é total. Mas o Espírito permanece agarrado à matéria, experimentando a angústia de quem é expulso da própria residência que se desmorona.

Colaboram para manter a sustentação orgânica artificial as vibrações de apego irracional emitidas pelos familiares que cercam o leito, exacerbando-lhe os padecimentos.

Após prolongada agonia, os benfeitores da Espiritualidade conseguem completar o processo desencarnatório.

A morte do chefe da casa é recebida com um concerto de gritos e gemidos desesperados daquele punhado de criaturas despreparadas para a separação e, em franco desequilíbrio do sentimento, clamam aos Céus, debatem-se, choram...

Passam-se os dias, sucedem-se as semanas... Entretanto, a família recusa-se a buscar a normalidade, insistindo em cultuar a memória do falecido com incessante desfiar de lamentos e mágoas.

A situação complica-se com súbita enfermidade que se abate sobre a viúva. Curiosamente, observam-se os mesmos sintomas dos males que precipitaram a desencarnação do marido.

Após cuidadoso exame, o médico conclui tratar-se de mero reflexo psicológico e prescreve o uso de tranquilizantes para atender ao enfraquecimento dos nervos. Todavia, a doente não reage e, não obstante a aplicação de medicação mais enérgica, apresenta perigoso enfraquecimento.

Esgotados os recursos da Medicina, é solicitada a presença de um médium espírita. Este atende, solícito. Diante da enferma, pronuncia sentida oração, exora a proteção de Jesus e, após aplicar o passe magnético, constata a presença espiritual do falecido, que, ignorando sua condição, permanece ligado, psiquicamente, à esposa, transmitindo-lhe, por indução mediúnica, as penosas impressões que ficaram de seus últimos padecimentos na carne.

Poderíamos situar o fenômeno por estranha obsessão recíproca em que o Espírito e seus familiares perturbam e são perturbados, sob inspiração do amor transviado que recusa submeter-se aos ditames divinos.

Dias depois, o desencarnado manifesta-se pela psicofonia mediúnica em reduzido grupo dedicado a tarefas de auxílio, onde é socorrido com a luz do esclarecimento e encaminhado a um hospital da Espiritualidade.

Após essas providências, a doente apresenta surpreendente melhora, embora perdurem para ela e para os filhos o desencanto e a tristeza, que só o tempo eliminará, ensinando-lhes que é preciso continuar a viver.

Semelhante quadro, que se afigura digno de hábeis cultores da ficção, é uma lamentável realidade que o intercâmbio com o além, sob a disciplina da Doutrina Espírita, tem demonstrado de maneira irrecusável.

Quão diferente seria a experiência da separação transitória se o desencarnante soubesse enfrentar a grande transição com a alegria de quem regressa à pátria, após penoso exílio, amparado pelas orações confiantes daqueles que, devendo regressar mais tarde, conservassem, acima de mágoas e desencantos, a confortadora certeza de glorioso reencontro!

São estas as perspectivas libertadoras delineadas pela Terceira Revelação, que, descerrando a cortina de ignorância que tem alimentado milenários receios e descrenças com relação à vida além-túmulo, permite-nos, diante da grande ceifeira, proclamar, tranquilos, com o apóstolo:

"Onde está, ó Morte, o teu aguilhão?"

DESVIOS DA FÉ

Em meados do século VI, nas proximidades de Antioquia, na Síria, um piedoso cristão chamado Simeão instalou-se no alto de elevada coluna por ele construída.

Inteiramente entregue à devoção, era atendido em suas necessidades por amigos e discípulos que o visitavam, diariamente, muitos dos quais imitariam, mais tarde, seu exemplo.

No exíguo espaço, dezoito metros acima do solo, submetido às intempéries e ao desconforto, passou os restantes trinta anos de existência, sem jamais descer.

Algum tempo após sua morte foi canonizado, recebendo o título beatífico de São Simeão, o Estilita.

Se hoje alguém tentasse realizar a mesma proeza, certamente seria internado em manicômio; mas, na Idade Média, tais aberrações eram comuns, consideradas atos de extrema piedade, e seus autores diziam agir sob inspiração dos anjos ou do próprio Espírito Santo.

Embora tenha sido proclamado santo, Simeão devia estar mal inspirado, pois somente gênios das sombras ou entidades galhofeiras poderiam ter sugerido aquele absurdo.

A autoflagelação como recurso de purificação e a fuga do convívio social para preservação da virtude, práticas tão comuns nos círculos religiosos medievais, estavam bastante distanciadas dos ideais cristãos.

A maneira fácil pela qual o santo foi envolvido confirma as reiteradas advertências feitas por Kardec, de que não basta boa vontade, sendo indispensável que haja discernimento, isto é, saber distinguir o bom do mau, o certo do errado.

Para tanto é preciso estudo. Aquele que aplica a inteligência no esforço consciente para assimilar conhecimentos, submetendo-os à análise racional, sem preconceitos ou condicionamento, sempre enxerga horizontes mais amplos e dificilmente será enganado por falsos sinais, em qualquer campo em que se situe.

Eminentemente racionalista, o Espiritismo exige que seus adeptos estudem. O espírita tem que se libertar da concepção milenar de que ser religioso é simplesmente frequentar casas de oração.

Templo é o Universo, a Casa de Deus tantas vezes desrespeitada pelos desatinos humanos.

Centro Espírita é escola para a vida eterna. Ninguém pode comparecer à escola sem disposição para aprender — será mau aluno.

E são justamente maus alunos, arvorados em mestres, os responsáveis pelos desvios, quase tão absurdos quanto a aventura de Simeão, existentes em muitos núcleos espíritas.

Sem assimilação e prática das normas codificadas por Allan Kardec, será ingenuidade pretender-se o desenvolvimento das tarefas de intercâmbio com o Além, dentro da lógica e do equilíbrio, com plena observância de suas finalidades.

Sem estudo somente caminhará com segurança aquele que possuir amor em seu coração, primeiro mandamento da Lei, o qual, segundo Jesus, resume tudo.

Se Simeão, o Estilita, tivesse amor, estaria tão ocupado em socorrer o necessitado e confortar o aflito que jamais seria envolvido por sugestões inferiores. Onde permanece a luz, não há lugar para as sombras.

Como não somos melhores que o santo de Antioquia, não podemos prescindir do estudo.

Em primeiro lugar porque estaremos sendo fiéis aos princípios que dizemos esposar, formando comunidades espíritas operosas e produtivas, e não simples aglomerados humanos de portas abertas à influência do Mal.

Em segundo lugar porque o conhecimento despertará em nós a consciência do dever.

Conscientes do dever, pensaremos no próximo.

Pensando no próximo, aprenderemos a conjugar o verbo sublime, na observância do mandamento maior.

Então estaremos em condições de dialogar com os anjos.

ESPÍRITAS E "ESPÍRITAS"

É INEGÁVEL QUE, dentre os alunos das diversas escolas religiosas que aceitam Jesus por mestre supremo, são os espíritas os que mais se aproximam dos ideais evangélicos de fraternidade, vividos pelas primitivas comunidades cristãs.

Atestam com eloquência esta realidade suas obras de assistência social, as quais, proporcionalmente ao número de adeptos, se apresentam em esmagadora percentagem.

Entretanto, a consciência do dever é tão frágil na criatura humana, que, mesmo a família espírita, com todos os seus incontestáveis méritos, ainda não atingiu o pleno aproveitamento de suas possibilidades na semeadura do Bem.

Hoje, não irei ao Centro — recebi familiares.

— Hoje, não visitarei enfermos no hospital — está chovendo.

— Hoje, não participarei dos serviços mediúnicos — sinto-me indisposto.

— Hoje, não comparecerei à reunião da diretoria — não querem aceitar a minha ideia.

— Hoje, não socorrerei famílias pobres — o automóvel está na oficina.

Sem a mínima cerimônia ou constrangimento, transferimos obrigações e tarefas, evitando considerar que semelhante atitude compromete nossa desejada condição de seareiros e causa sérios transtornos aos obreiros desencarnados, pois em grande parte do trabalho que desenvolvem, incansavelmente, em favor dos homens, dependem de instrumentos humanos, seja no conforto ao enfermo, no socorro ao desequilibrado, na orientação ao desajustado...

É pela mesma razão que vemos surgir, além daqueles que fazem um pouco, mas nunca o que podem e devem fazer, outros adeptos da Terceira Revelação distanciados da condição de verdadeiros espíritas, como, por exemplo, o futuro servidor.

Eterno pedinte de favores espirituais, proclama-se perturbado e se queixa de distúrbios físicos; reclama dificuldades financeiras e atribulações domésticas. Promete que se seus problemas forem resolvidos será, mais tarde, um ativo colaborador da Seara Espírita. Semelha-se ao doente que, tendo o remédio no bolso, julga a cura garantida, quando, em verdade, para isso é imperioso fazer uso do medicamento.

Sendo o Espiritismo a prescrição de Jesus para os males que nos afligem, não podemos manter suas fórmulas aprisionadas na embalagem da teoria, o que nenhum proveito nos trará.

E se o grande recurso de equilíbrio e paz indicado insistentemente por seus arautos é o esforço perseverante e disciplinado em benefício do próximo, tanto que a norma básica da doutrina proclama que "Fora da Caridade não há salvação", não podemos deixar para amanhã esse trabalho, se realmente almejamos uma situação melhor.

Há outro tipo de espírita — o ex-trabalhador —, figura mais lamentável que o eterno candidato, porque, pior do que não pegar na charrua, é abandoná-la antes de completar o serviço. Este já colaborou em instituições espíritas, participou de atividades assistenciais e, não raro, foi médium.

— Agora — proclama —, estou aposentado.

Quando se lhe pergunta o motivo, responde que perdeu o entusiasmo. Todavia, servir ao próximo não é questão de entusiasmo, e sim de necessidade e, mais que isso, obrigação.

Na Terra, há leis humanas que somos obrigados a observar, ainda que não nos sintamos dispostos. Caso contrário, a nossa conduta poderá comprometer o equilíbrio da sociedade em que vivemos e sofreremos as sanções da justiça.

Com muito mais rigor, se desejamos viver em paz, devemos respeitar as leis universais perfeitas, instituídas por Deus. Uma delas é a Lei da Solidariedade, cujo parágrafo principal determina que "façamos ao nosso semelhante o bem que desejaríamos nos fosse feito".

Não é fácil o cumprimento da Lei da Solidariedade. Exige desprendimento dos bens terrenos e das situações transitórias; renúncia das horas de prazer e do comodismo. Exige, sobretudo, a derrota da indiferença, que faz do homem um mau cidadão do Universo.

Porém, nada disso se compara aos sacrifícios a que se submeteu Jesus em nosso benefício. E que seria de nós se o Mestre inesquecível, após os primeiros contatos com as misérias humanas, desistisse do apostolado divino, proclamando: "Perdi o entusiasmo!"

AJUDAR PARA NÃO ATRAPALHAR

DURANTE A MANIFESTAÇÃO dos chamados Espíritos sofredores, nas sessões práticas de Espiritismo, observam-se, em boa parte dos presentes, três frequentes reações:

Alguns, achando que a comunicação é sem interesse ou que se prolonga em demasia, limitam-se ao alheamento, voltando sua atenção para assuntos estranhos à reunião.

Outros, imbuídos de curiosidade, procuram identificar o Espírito pelos elementos fornecidos pela psicofonia, imaginando tratar-se do senhor fulano ou do senhor beltrano, pessoas de suas relações.

E há os que se irritam porque o dirigente da sessão não esclarece logo ao comunicante a sua condição de desencarnado, se este demonstra inconsciência de seu estado, ou não age energicamente, induzindo-o a penitenciar-se de seus erros, se aparece alguém comprometido com o vício ou acostumado a utilizar os processos da mistificação e da obsessão.

Pela ordem: desinteresse, curiosidade e irritação.

Todavia, os que assim procedem revelam ausência do sentimento de responsabilidade, nascido de melhor conhecimento do mecanismo de intercâmbio com o Além, e sempre prejudicam o bom andamento das tarefas de auxílio com vibrações desajustadas.

Para que semelhante prejuízo seja evitado, é preciso considerar que os Espíritos que se manifestam para receber ajuda estão, geralmente, mergulhados em profunda perturbação, o que não lhes permite raciocinar com lógica. A incapacidade quase sempre evidenciada, em reconhecer o próprio estado, confirma este fato.

Por isso, aquele que conversa com um Espírito não pode ter pressa em vê-lo afastar-se, antes de lhe haver proporcionado alguns recursos de equilíbrio.

Não pode deter-se em questões pessoais, tendentes a identificá-lo, não só porque na maioria das vezes ele não estaria em condições de responder satisfatoriamente, como seria faltar à Caridade. Que dizer do médico preocupado em cadastrar o acidentado em vez de medicá-lo com presteza? E haverá desastre mais trágico que a desencarnação sem preparo?

Finalmente, não pode, como muitos desejam, adotar certas atitudes: impor princípios, advertir com severidade, mostrar ao manifestante o que é certo ou errado e fazê-lo sentir que terá de pagar por seus crimes. Quando se trata de alguém desejoso de mistificar ou exercer vingança, está de tal forma dominado por ideias cristalizadas em longos processos de fixação mental, que simples palavras não modificarão suas disposições.

O principal esforço do dirigente dos trabalhos deve ser o de conquistar sua simpatia, para em seguida convidá-lo à oração, sem preocupar-se em doutrinar ou desmascarar, atitude favorita de muitos espíritas que julgam estar prestando um grande serviço. Em verdade, podem impressionar, mas nunca convertem ao Bem.

A oração em benefício da Entidade, prática que, infelizmente, poucos adotam, é o grande recurso de esclarecimento e ajuda. Quando proferida sob orientação da mais pura fraternidade, sem fórmulas verbalísticas e secundadas pelas vibrações de carinho, compreensão e amizade de uma assistência esclarecida e consciente, proporciona inestimáveis recursos de auxílio.

Sob seu fluxo poderoso, o Espírito revive situações passadas, identifica parentes e amigos desencarnados, sente-se aliviado em suas dores e preocupações, e descortina horizontes mais amplos que lhe permitem deixar o cárcere da fixação mental.

Após a aplicação dessa incomparável terapêutica, o mistificador sentir-se-á envergonhado e o confessará; o obsessor perceberá seu erro e se afastará, fator indispensável para que a vítima se recupere sem transtornos; e o Espírito alienado da realidade além-túmulo estará mais lúcido, em condições de reconhecer, por si mesmo, sua nova condição.

Se, enquanto o dirigente se esforça por cativar a simpatia do manifestante, alguns dos presentes se sentem contrariados por julgar que deveria ser mais objetivo, minucioso ou enérgico, haverá maior dificuldade em concatenar ideias para o primeiro e maior perturbação para o segundo. Quanto ao médium, sem apoio vibracional, experimentará inesperadas limitações.

Fácil concluir, pois, que nas tarefas de intercâmbio destinadas a estender conforto e esclarecimento aos que se encontram na erraticidade, quem não ajuda atrapalha!

É preciso considerar que sessão espírita não é tribunal, nem repartição especializada em identificar desencarnados, e muito menos pátio de recreação, e sim um templo divino, onde o contato com a Espiritualidade Superior deve inspirar respeito e atenção.

E se nos é lícito considerar a sessão espírita como recurso de socorro para nossos males físicos e psíquicos, é preciso reconhecer que a condição indispensável para sermos atendidos é a disposição em socorrer aqueles que sofrem mais.

O TALENTO ENTERRADO

NA ATUALIDADE, grande é o número de Espíritos que reencarnam, particularmente no Brasil, com compromissos no campo mediúnico, num gigantesco trabalho de esclarecimento e renovação promovido pela Espiritualidade, já que nosso planeta atravessa um período de decisivas transições e, mais do que nunca, há necessidade de instrumentos sintonizados com o Alto, para que não falte Luz ao Homem na noite que precederá o nascimento da civilização cristianizada do Terceiro Milênio.

Os candidatos ao serviço frequentam escolas especializadas no Espaço, em longos estágios preparatórios. Depois, submetem-se a delicadas operações magnéticas e observam cuidadoso planejamento do futuro veículo físico, garantindo a indispensável sensibilidade para as tarefas de intercâmbio.

Desses institutos saem os futuros médiuns videntes, psicofônicos, psicógrafos, passistas, oradores, de transporte, de cura, de efeitos físicos etc., conservando no íntimo instruções e experiências que, embora esmaecidas pelo choque biológico do renascimento, marcar-lhes-ão, indelevelmente, as cogitações íntimas, apresentando-se, desde os primeiros anos de existência carnal, por anseios indefinidos que no momento oportuno favorecerão a convocação do Alto.

Como os dedicados instrutores da Espiritualidade não improvisam, apresentam-se todos preparados para conciliar interesses e necessidades pessoais com o serviço a ser desenvolvido.

As situações serão as mais variadas, observado o grau de merecimento, os débitos do pretérito e a natureza da tarefa. Haverá os que não terão o matrimônio incluído na jornada; os que deverão suportar um cônjuge menos compreensivo; os que cuidarão de filhos difíceis; os que serão assediados por inimigos rancorosos; os que enfrentarão privações materiais e os que carregarão o peso da enfermidade.

Identificam-se todos, entretanto, pelas responsabilidades assumidas e, embora lhes impondo pesados sacrifícios, a mediunidade ser-lhes-á sempre bênção de conforto e Esperança, situando-os acima dos enganos humanos, em comunhão perene com o plano superior.

Ora, se a mediunidade não é acidente biológico nem fenômeno patológico, e sim um compromisso de serviço para o qual o médium foi convenientemente preparado, não pode haver motivo que justifique sua omissão; nem se poderá pretender que o iniba o peso de suas provações, pois seria inconcebível a outorga do ministério mediúnico a quem não estivesse em condições de desempenhá-lo.

Infelizmente, porém, esmagadora maioria de médiuns regressa ao Além em lamentável fracasso. É que, tão logo, são convocados às realizações programadas, preferem render-se a velhas tendências, ao comodismo e à indiferença, apresentando por obstáculos intransponíveis aquelas mesmas situações que haviam sido previstas e consideradas superáveis ou conciliáveis.

Não obstante as advertências de amigos espirituais e o conhecimento doutrinário, desertam de seus deveres, preferindo os interesses imediatistas.

Vítimas da própria incúria, acabam sofrendo o processo de fermentação que sempre atinge as mentes vazias de ideais superiores, quando bagatelas da existência, contrariedades corriqueiras ou dificuldades normais crescem assustadoramente aos seus olhos, monopolizando-lhes a atenção, a favorecer o desajuste e a intranquilidade. E como não conseguem anular a sensibilidade que os habilitaria ao serviço mediúnico, tornam-se presa desejável de entidades das sombras, que lhes amarguram a jornada humana, vampirizando-lhes as energias e explorando-lhes as deficiências.

Semelhando-se ao mau servo da parábola evangélica, enterram o talento que lhes fora confiado e perdem o ensejo do serviço no Bem, deixando de habilitar-se à própria renovação. Depois verificam, decepcionados, que perderam também a existência.

A TRAGÉDIA DE AUSTIN

EM AUSTIN, Texas, nos Estados Unidos, Charles J. Whitman, de 25 anos, estudante de arquitetura, após assassinar a esposa e a própria mãe, subiu ao 27º andar do edifício principal da universidade que frequentava e, munido de espingarda de longo alcance, pôs-se a atirar, indiscriminadamente, naqueles que passavam embaixo.

Dotado de excelente pontaria, matou dezesseis pessoas e feriu trinta, num dos mais espantosos acontecimentos da crônica criminal norte-americana. Morto pelos policiais, após oitenta minutos de tiroteio, foi submetido à autópsia, constatando-se, então, que possuía um tumor no cérebro, o qual, provavelmente, lhe afetara as faculdades mentais.

Entretanto, sua ação não terá sido fruto de mero curto-circuito cerebral. Certamente foi inspirada por entidades obsessoras que, aproveitando-se de seus desajustes, vencidas as defesas psíquicas pela alienação, utilizaram-no por mero instrumento, a fim de desgraçá-lo ou, simplesmente, para estabelecer o terror. A loucura, quando não é resultante da invasão das sombras, é quase sempre ensejo para que esta ocorra.

Há outro aspecto importante: mesmo em desequilíbrio mental, ninguém fará o que seja incompatível com sua condição espiritual. Nem mesmo na subjugação, em que há pleno domínio do obsessor, o obsidiado será induzido a ações que não encontrem apoio em sua personalidade.

Segundo este raciocínio, Charles devia trazer no íntimo fortes sentimentos de agressividade, neutralizados, talvez, pelo verniz social, mas exteriorizáveis por impulso próprio ou sob indução de influências inferiores.

É fácil concluir que o indivíduo que possua tendências agressivas e não as combata com todas as forças de sua alma, consciente de que são resquícios de animalidade incompatíveis com a condição humana, será sempre um agente em potencial da violência.

E as vítimas? Teria chegado sua hora? Seria aquele o gênero de morte escolhido por elas ou imposto pelas Leis Divinas?

Como responder afirmativamente? É difícil imaginar, de um lado os mentores espirituais de Charles, esforçando-se por evitar que ele fosse comprometido em tão tenebroso crime; de outro, Espíritos igualmente esclarecidos, empenhados em mobilizar múltiplas circunstâncias que levassem os que seriam assassinados a passar debaixo da torre, no momento exato em que iria começar a fuzilaria. É uma contradição inconcebível.

Acreditamos que todos nós, devedores impenitentes de priscas eras, acumulamos dívidas que justificam semelhante morte, mas não há um determinismo infalível que indique exatamente a hora e a maneira pela qual devemos desencarnar, porque isso seria a negação do livre-arbítrio, que nos faculta modificar o nosso destino todos os dias.

O que ocorre é que estamos sujeitos às contingências da vida humana, as quais, longe de qualquer significação determinista, são, todavia, justificadas pelas nossas ações e, mais exatamente, pelo nosso passado. Quanto mais comprometidos estivermos com o Mal, nas expressões de irresponsabilidade, indolência, rebeldia e vício, menor a nossa segurança, assim como o barco sem leme voga aos caprichos da correnteza.

Para evitarmos tal perigo, não há alternativa senão sermos fiéis a nós mesmos, isto é, aos planos que traçamos para a existência terrena quando na Espiritualidade, os quais permanecem indeléveis em nossa consciência, inspirando-nos a melhor conduta, sempre que buscamos o recolhimento da prece e da meditação, à procura de discernimento.

Isso não nos isentará, naturalmente, dos males que devam ocorrer por força das provações que escolhemos, mas sempre os atenuará consideravelmente e, o que é melhor, nos proporcionará a confortadora certeza de enfrentarmos apenas o que fora previsto.

Tragédias como a de Austin são faíscas sinistras, geradas pelas densas nuvens que há milênios envolvem a Terra, alimentadas pelos desvarios humanos. A saturação dessa atmosfera psíquica deletéria fatalmente resultará em tormentosos temporais que se precipitarão em torrentes de atribulação e dor para toda a Humanidade.

Somente aqueles que criarem méritos pessoais, pela ação decidida e enérgica em favor da própria renovação, a manifestar-se na vivência das virtudes cristãs, estarão acima das contingências nascidas do transbordamento das loucuras humanas, porque, promovidos a instrumentos do Bem, permanecerão sob a égide de gênios tutelares.

Eles resguardarão, em lutas redentoras, os patrimônios morais da Humanidade, e edificarão, após o dilúvio de dores, a civilização espiritualizada do Terceiro Milênio.

AOS OLHOS DO SENHOR

"Pois que ele será grande aos olhos do Senhor; não beberá vinho nem bebida alguma inebriante." — Anjo Gabriel. (LUCAS, 1:15.)

EM TODAS AS ÉPOCAS, sempre que se interessa pela vida religiosa, o homem tem sido inspirado a evitar o vinho das paixões e dos desejos humanos.

Esse empenho, considerado fanatismo intransigente pela multidão, é pura e simplesmente uma imposição de serviço, da qual não se pode furtar quem deseja servir.

As Forças do Bem pedem instrumentos equilibrados e puros para que possam manifestar-se em plenitude na Terra, oferecendo aos homens bênçãos de conforto e progresso.

Raramente, entretanto, os crentes se sentem dispostos ao esforço necessário para eliminar hábitos e tendências viciosas, cuja satisfação consideram indispensável ao seu bem-estar.

Daí sua preferência pelo culto exterior, renunciando a qualquer atividade religiosa que implique responsabilidade individual. Desejam o Céu, mas não pretendem tirar os pés do chão. Anulam, assim, qualquer possibilidade de sintonia com os amigos invisíveis e reclamam que foram abandonados, quando seus excessos geram a perturbação.

Pelas mesmas razões, surgem no seio de todas as religiões tarefeiros dotados de grandes possibilidades espirituais, mas que fracassam desastradamente. Preparados para marchar na vanguarda, esquecem a exemplificação e acabam estacionados nas trevas da retaguarda.

Para que tão lamentáveis enganos sejam evitados, encontramos na Doutrina Espírita as mais severas advertências, dirigidas principalmente aos médiuns — instrumentos da revelação —, para que tomem todo o cuidado em preservar a condição de servidores, evitando comprometerem-se em desvios que fatalmente lamentarão mais tarde.

Médiuns que descuidam da higiene mental e física...

Que perseguem o conforto e o comodismo...

Que rendem culto ao álcool, ao fumo e à mesa farta...

Que estimam a lascívia...

Que cultivam a maledicência...

Que sentem prazer em ferir e humilhar...

Que não vigiam suas atitudes e reações, nem buscam a oração contrita e sincera de quem reconhece a própria fraqueza e luta por vencê-la, jamais serão instrumentos eficientes.

Se médiuns passistas, comprometerão o serviço de ajuda, associando suas vibrações desajustadas aos fluidos reconfortantes emitidos pelos benfeitores espirituais.

Se médiuns psicofônicos ou psicógrafos, nunca lograrão captar com a desejada exatidão o pensamento dos instrutores, transmitindo manifestações em que prevalecerão, sem proveito, fantasias anímicas.

Se médiuns intuitivos ou inspirados, lutarão com tremendas dificuldades para concatenar ideias, repetindo comentários sem originalidade e conceitos sem lógica.

Muitos abandonarão a tarefa, arrastados para o desequilíbrio pelas influências inferiores que insistiram em prestigiar.

Gostariam de ser "grandes aos olhos do Senhor", como João, o Batista. Esquecem, entretanto, que a grandeza dele não foi mero fruto da graça divina, pois, como filhos de Deus, todos a usufruímos, e sim porque o precursor, revelando disciplina e perseverança, jamais sorveu a taça dos enganos terrestres.

CRENTES... DESCRENTES

Relata o evangelista Marcos, no capítulo 9º de suas anotações, que um homem levou a Jesus seu filho, um menino que havia vários anos era perseguido por um Espírito obsessor que muito o fazia sofrer. O pobre pai implorou ao Mestre que o libertasse.

— Tudo é possível ao que crê — afirmou Jesus.

— Senhor — respondeu o homem —, creio em ti! Ajuda-me na minha incredulidade!

Suas palavras parecem contraditórias. Afinal, ou o indivíduo crê ou não crê. O crente não pode ser incrédulo. O incrédulo não crê.

Mas não há contradição. O que temos aqui é a vigorosa figuração de uma realidade. Eternos aprendizes no caminho da Espiritualidade Maior, surgem, frequentemente, em nossa existência, lutas e dores, dificuldades e doenças que testam nossa crença em Jesus, nas suas promessas de proteção, ajuda e imortalidade gloriosa.

No entanto, diante desses exames de aproveitamento que ensejam valiosas oportunidades de resgate e progresso, vacilamos, mergulhando, não raro, nas águas revoltas da intranquilidade e da frustração, como se tudo estivesse perdido.

Semelhantes reações demonstram, evidentemente, que nossa fé é muito frágil e, assim como o pai aflito da passagem evangélica, poderíamos, nesses transes, dizer: "Senhor, creio em ti! Ajuda-me na minha incredulidade!"

A mesma expressão aplica-se particularmente às pessoas dotadas de maior sensibilidade psíquica. Médiuns em potencial para tarefas definidas no intercâmbio com o Além experimentam, desde os primeiros anos de existência, frequentes perturbações físicas e psíquicas que chegam a alterar-lhes o próprio comportamento, transformando-as em angustiados e angustiantes enigmas.

Vivendo intensamente em dois planos — o material e o espiritual —, sem conhecimento e sem disciplina, sofrem e fazem sofrer os familiares.

Em seu benefício nada pode fazer a medicina oficial, primeiro porque mediunidade não é doença; segundo porque, sendo materialista, a ciência médica não cogita do mundo espiritual, fonte dos fenômenos mediúnicos.

O mesmo acontece com relação às religiões tradicionais, que, tendo a obrigação de conduzir o pensamento humano na direção da Espiritualidade, perdem-se em rituais e práticas exteriores que impressionam os sentidos, mas não resolvem os problemas da alma.

E já que o Espiritismo revive a prática de conversar com os mortos, mantida por Jesus durante seu apostolado, e por seus discípulos no movimento inicial de expansão do Cristianismo, é natural que o médium desajustado acabe por procurar o Centro Espírita, onde, a par do passe magnético e da água efluviada — terapêutica também disseminada pelo Nazareno —, recebe amplos esclarecimentos.

Aprende, então, a disciplinar sua mediunidade. E aprende o mais importante: a necessidade de ajustar-se aos padrões éticos do Evangelho, com o combate sistemático às próprias imperfeições, a fim de que, sintonizado psiquicamente com o Bem, se livre de todas as influências do Mal, onde estiver.

Todavia, não é fácil, porque, paralelamente ao seu desejo de seguir a orientação que recebe, há a ação de velhos obsessores e comparsas do plano invisível que, não querendo ver fugir a presa, exploram habilmente suas tendências inferiores, buscando confundi-lo.

É quando se agravam seus males e o médium se sente pior, ao invés de melhorar. E eis que, embora advertido de que a luta seria árdua, é só aumentar a pressão das sombras e ei-lo a apelar para médicos e curandeiros, comprometendo a própria recuperação.

Continua a ver muita lógica nas definições espíritas, mesmo porque sente na própria pele a realidade apresentada pela Doutrina, mas vacila e acredita... desacreditando.

Isso é grave, pois a dúvida desajusta ainda mais e dificulta qualquer auxílio. É imperioso que o médium tenha firmeza em suas resoluções. Se decidiu aceitar a orientação espírita, deve observá-la integralmente, sem amedrontar-se com o recrudescimento de seus males, nem apelar para outros recursos que, talvez eficientes dentro de outras finalidades, são inoperantes quando se trata do fenômeno mediúnico.

Para que esses percalços, naturais no caminho de todos os médiuns, sejam superados, não se pode olvidar o estudo. As obras da Codificação e as complementares oferecem-nos visões magníficas da realidade espiritual. Quem vê por onde anda caminhará com maior segurança.

O treino da fraternidade apresenta-se, igualmente, por atividade indispensável. Não se pode conceber o médium desinteressado de serviços que visem ao bem-estar da coletividade, sejam orfanatos, berçários, hospitais, creches, escolas, albergues ou clubes de serviço. Quem renuncia a si mesmo, em favor dos outros, não tem tempo para ouvir as sugestões das sombras.

Diríamos, finalmente, que diante de todos os males da existência, sejam de origem material ou espiritual, a oração sincera dirigida a Jesus, que exprima profundo desejo de comunhão com o Alto, jamais ficará sem resposta e sempre nos proporciona bênçãos de conforto e esperança, ainda que possamos apenas suplicar:

— Senhor, creio em ti! Ajuda-me na minha incredulidade.

UMA TAREFA PARA TODOS

Oh! Bendito o que semeia
Livros... livros à mão-cheia...
E manda o povo pensar!
O livro caindo n'alma
É germe — que faz a palma,
É chuva — que faz o mar.

(Castro Alves)

De todas as tarefas a que somos convocados na Seara Espírita, já que não se concebe o adepto da Terceira Revelação mergulhado no clima de indiferença que caracteriza o homem comum, encastelado no egoísmo, uma é prioritária e deve merecer nosso esforço maior: a divulgação do Livro Espírita.

Tudo mais que se faça virá sempre como consequência dos postulados doutrinários acondicionados em letras de forma.

As próprias realizações espíritas no campo social, levadas a efeito em milhares de instituições assistenciais espalhadas pela Pátria do Cruzeiro, numa manifestação de fraternidade legítima sem similar no passado e no presente, são frutos sazonados das noções de responsabilidade e dever veiculadas pelo Livro Espírita.

E se há ainda agrupamentos espíritas perdidos em práticas excêntricas no intercâmbio com o Além ou distraídos dos imperativos de serviço ao próximo, devam-se tais anomalias ao desconhecimento ou à assimilação deficiente dos postulados doutrinários.

Por isso não se pode admitir o Centro Espírita que não participe desse trabalho de divulgação, organizando bibliotecas e livrarias espíritas, estimulando com empenho a leitura e o estudo.

A manutenção desses serviços exprime mera coerência com os princípios da Doutrina dos Espíritos, já que no capítulo sexto de *O Evangelho segundo o Espiritismo*, diz o Espírito de Verdade: "Espíritas! Amai-vos; este o primeiro ensinamento; *instruí-vos, este o segundo.*"

E não se diga que há falta de recursos. As obras da Codificação e as psicografadas por Francisco Cândido Xavier, editadas pela FEB a preços populares, custam o equivalente a uma ou duas entradas de cinema, e apenas fração do que muita gente gasta com cigarros numa semana.

Ante as tensões desajustantes a que estamos sujeitos, por despreparo psicológico e psíquico que nos permita superar o ritmo apressado e imediatista da era atual, os momentos dedicados ao Livro Espírita representam oásis bendito em que retemperamos energias para as lutas de cada dia e despertamos a consciência para as realidades do Universo.

O Livro Espírita é investimento seguro que valoriza nossa vida, rendendo inspiração e esclarecimento para a existência inteira.

É o melhor presente para o familiar que desejamos iniciar no conhecimento dos ascendentes espirituais que regem o destino humano; é o melhor conforto para o aflito; o melhor remédio para o enfermo; a melhor caridade para o desajustado.

Presenteado, vendido, sorteado, emprestado, o Livro Espírita deve fazer parte de nosso esforço pela garantia de um Espiritismo legítimo e renovador, na construção de um mundo melhor.

PARAPSICOLOGIA

Desde o aparecimento da Parapsicologia, com a publicação dos primeiros livros do Dr. Rhine sobre percepção extrassensorial, os espíritas vêm acompanhando com grande interesse tudo o que se fala e se faz em torno dessa Ciência, já que, tendo por finalidade estudar as funções psíquicas e, particularmente, os fenômenos definidos por paranormais, seria de esperar-se que os parapsicólogos acabassem por penetrar, deslumbrados, no mundo invisível que Allan Kardec descortinou há mais de cem anos, com a publicação de *O Livro dos Espíritos*.

Parece-nos, todavia, que a Parapsicologia continuará, por largo tempo ainda, perdida em mares ignotos, à distância do continente espiritual, pois, enquanto uma minoria decepcionante de cientistas se situa, timidamente, na corrente que admite não ser de origem física a percepção extrassensorial, a vasta maioria adere à corrente fisiológica ou materialista.

Estes, mais atuantes, porque em maior número, e mais acreditados, porque é mais fácil aceitar as soluções imediatistas, empenham-se em demonstrar que os mais transcendentes fenômenos mediúnicos não passam de manifestações anímicas, apresentando raciocínios aparentemente brilhantes, mas que na maioria das vezes não passam, como dizia Carlos Imbassahy, de autênticas marteladas com que pretendem encaixar os fatos às suas teorias.

A situação piorou muito com a promoção do Inconsciente a autêntico deus dentro de nós, dotado de onisciência, onipresença e onipotência.

Se o Espírito responde a perguntas que transcendem o conhecimento dos investigadores, foi o Inconsciente do médium que buscou a resposta num outro cérebro, em qualquer lugar da Terra...

Se o Espírito se exprime em linguagem desconhecida, foi o Inconsciente quem assimilou, alhures, tal idioma, bem como sua pronúncia e sua gramática...

Se o Espírito se materializa, foi o Inconsciente quem configurou formas ideoplásticas, calcadas em ectoplasma, dramatizando sua ação...

Inconsciente desonesto, velhaco, que sempre pretende enganar os incautos, apresentando-se como se fosse um defunto.

O porquê desse embuste é que os parapsicólogos materialistas não conseguem definir, já que ele ocorre mesmo quando o sensitivo e os experimentadores não admitem a sobrevivência, o que elimina a possibilidade de sugestão.

Outrora alimentávamos a ilusão de que, com o aperfeiçoamento incessante da eletrônica, acabaríamos por entrar em contato com o Além, por intermédio de delicada instrumentalidade. Teríamos, assim, o som e a imagem do plano espiritual, uma espécie de televisão em cadeia com o outro mundo, de forma a convencer os mais incrédulos.

Todavia, a persistirem as tendências atuais, não será difícil aos parapsicólogos materialistas explicarem que em tais fatos ainda se identificaria a ação do Inconsciente, capaz de impressionar o aparelho receptor, fantasiando toda uma situação além-túmulo em seus mínimos detalhes.

Orgulho e vaidade constituem a motivação de muitos, mas há também o que poderíamos chamar *atrofia da compreensão*. A intoxicação intelectual, fruto de incensação do saber; a cristalização da inteligência em torno de concepções negativistas, cultuada em múltiplas reencarnações, torna o indivíduo impermeável à realidade espiritual, a ponto de proclamar: "Não acredito! E mesmo que veja não acreditarei, porque sei que é impossível!"

Ah! inabaláveis Tomés, que explicariam a aparição do Cristo, após a crucificação, como criação ideoplástica inconsciente do Colégio Apostólico, ansioso por sua presença!

Diante desse panorama desolador, apresentado por cientistas e pseudocientistas empenhados em complicar o que é simples e negar o que é evidente, são profundamente significativas as palavras de Jesus, registradas em *Mateus* (11:25):

"Graças te rendo, Meu Pai, Senhor do Céu e da Terra, por haveres ocultado estas coisas aos sábios e aos entendidos, e as haveres revelado aos pequeninos."

É justo que, como espíritas, cultivemos interesse pelas realizações da Parapsicologia e que tenhamos confrades atuantes em seus campos, mas será ingenuidade conceber que a ciência que pretende ir além da Psicologia, ou qualquer outra que a suceda, promova a universalização do fenômeno mediúnico como o Espiritismo no-lo apresenta.

Não podemos olvidar que antes da Parapsicologia, num período em que houve grande empenho do plano espiritual nesse sentido, com a ação de notáveis cientistas que estudaram a fenomenologia paranormal, a Metapsíquica faleceu vítima de descrédito, porque concluíra pela realidade da sobrevivência e do intercâmbio com o Além.

Por isso, a aceitação de semelhantes verdades, muito mais que simples consequência de comprovação científica, será fruto do amadurecimento espiritual da criatura humana. Elas triunfarão no futuro, não porque a Ciência torne o homem suficientemente grande para demonstrá-las, mas porque o homem se fará suficientemente humilde para senti-las.

PARA EVITAR A DESERÇÃO

IDOSO CONFRADE, espírita da velha guarda, homem simples, sincero e extraordinariamente comunicativo, percorria as dependências de um presídio onde deveria proferir palestra.

Ao passar pela biblioteca, notou um preso absorto na leitura, em recanto discreto. Impressionou-o a expressão abatida e triste do reeducando. Obedecendo a um impulso, aproximou-se e, num gesto muito seu, abraçou-o efusivamente, dizendo-lhe:

— Olá, irmão! Lendo um pouco? Os bons livros oferecem luz para o Espírito e conforto para o coração...

E por aí foi, numa torrente de observações carinhosas que fluíam naturalmente de seus lábios, extravasando fraternidade pura.

O preso recebeu taciturno tão efusiva manifestação de alguém que jamais vira, mas rendeu-se à sua simpatia e acabou por acompanhá-lo ao recinto de reuniões.

O tema da noite foi o suicídio. Inspirado, o visitante apresentou-o por porta falsa pela qual aquele que pretende libertar-se do sofrimento se precipita em dores mil vezes acentuadas. Servindo-se de numerosos exemplos, demonstrou que desertar da existência é adiar compromissos intransferíveis e que, após dolorosas experiências no plano espiritual, o suicida enfrentará, em regime de complexidade capitalizada, as mesmas situações de que fugira.

Deixou claro, finalmente, que o sofrimento, quando suportado com humildade e confiança em Deus, é sempre recibo de quitação de velhos débitos, habilitando o Espírito a um futuro de bênçãos...

Ao término da reunião, o preso, que tudo ouvira com grande interesse, aproximou-se do conferencista e confessou:

— O senhor salvou-me a vida esta noite... Quando entrou na biblioteca, eu apenas fingia ler... Meus olhos estavam pousados no livro, mas meu pensamento era um vulcão. Mágoas e inquietações que há meses me torturavam o cérebro haviam atingido um ponto de saturação. A ideia do suicídio pareceu-me a solução ideal.

"Suas palavras, entretanto, abriram meus olhos para a loucura que eu ia cometer. Sua visita foi providencial. Jamais esquecerei seu abraço fraterno na biblioteca e tenho certeza de que foi Deus quem o inspirou. Muito obrigado! Prometo-lhe que nunca mais pensarei em cometer tamanha loucura!"

Nota-se claramente neste episódio a ação do plano espiritual montando um dispositivo de socorro a alguém prestes a mergulhar no precipício do suicídio. O autoaniquilamento, desastre de consequências imprevisíveis para os que não respeitam o compromisso da existência, provoca intensa mobilização de benfeitores invisíveis que, com todos os meios ao seu alcance, lutam para evitar a consumação do lamentável gesto de rebeldia. Impossibilitados de uma ação direta, em face do turbilhonamento mental do socorrido, articulam a visita do conferencista, promovem o encontro na biblioteca e inspiram o visitante à escolha do tema.

Raros, entretanto, os que se dispõem a estender antenas espirituais para captar os apelos do Alto. É fácil imaginar o drama dos Espíritos, procurando neste mundo de interesses imediatistas, sob o domínio das sensações, alguém capaz de cultivar a reflexão e de ceder ao impulso da Fraternidade.

Um sorriso amigo, uma palavra gentil, um gesto de camaradagem operam prodígios num coração atribulado...

Cada suicida que deixa a Terra, frustrando os esforços da Espiritualidade, é alguém que complica o futuro por fugir do presente, mas é também um atestado eloquente da indiferença que caracteriza o homem comum, de sensibilidade atrofiada para os apelos da Vida Maior, incapaz de perceber a angústia de seu irmão...

O PRIMEIRO CUIDADO

Em pequena localidade de província, na França, duas irmãs andavam às voltas com estranhos acontecimentos: suas roupas eram espalhadas por todos os cantos da casa e até pelos telhados. Apresentavam-se cortadas, rasgadas e crivadas de buracos, mesmo quando trancadas à chave. "Brincadeira de mau gosto!" — concluíram.

Todavia, a irritante persistência daquelas depredações, apesar das precauções que tomavam, convenceu-as de que não poderiam ser provocadas por mãos humanas...

Durante anos sofreram prejuízos e contrariedades, até que ouviram falar de Allan Kardec, o homem que se tornara intérprete dos Espíritos e dera corpo de doutrina aos seus ensinos, com o lançamento de duas obras famosas: *O Livro dos Espíritos* e *O Evangelho segundo o Espiritismo*.

Inteirando-se do caso, o Codificador não teve dúvidas: tratava-se, evidentemente, das diabruras de um Espírito zombeteiro, que, evocado, mostrou-se inteiramente refratário a conselhos e esclarecimentos. Somente a oração pôde exercer sobre ele alguma influência, afastando-o de suas vítimas que, durante algum tempo, desfrutaram de tranquilidade. Mas logo recomeçaram as depredações, e Kardec, desejando livrá-las daquele tormento, solicitou, em ocasião oportuna, a orientação de um Espírito superior, o qual esclareceu:

> O que essas senhoras têm de melhor a fazer é rogar aos bons Espíritos seus protetores que não as abandonem. Nenhum conselho melhor lhes posso dar que o de dizer-lhes que desçam ao fundo de suas consciências, para praticar o amor ao próximo e a caridade. Não falo da caridade que consiste em dar e distribuir, mas da caridade da língua; pois, infelizmente, elas não sabem conter as suas e não demonstram, por atos de piedade, o desejo que têm de se livrar daquele que as atormenta. Gostam muito de maldizer do próximo e o Espírito que as obsidia toma sua desforra, porquanto, em vida, foi para elas um burro de carga. Pesquisem na memória e logo descobrirão quem ele é.
> Entretanto, se conseguirem melhorar-se, seus anjos guardiães se aproximarão e a simples presença deles bastará para afastar o mau Espírito, que se agarrou a uma delas, em particular, porque o seu anjo guardião teve que se afastar, por efeito de atos repreensíveis ou maus pensamentos. O que precisam é fazer preces fervorosas pelos que sofrem e, principalmente, praticar as virtudes impostas por Deus a cada um, de acordo com a sua condição.

Kardec achou um tanto severas aquelas advertências e ponderou que talvez fosse conveniente transmiti-las de forma atenuada, mas o Orientador, conhecendo melhor as necessidades das duas irmãs, confirmou:

"Devo dizer o que digo e como digo, porque as pessoas de quem se trata têm o hábito de supor que nenhum mal fazem com a língua, quando o fazem muitíssimo. Por isso, preciso é ferir-lhes o Espírito, de maneira que lhes sirva de advertência séria."

Registrando esse episódio em *O Livro dos Médiuns*, cap. XXIII, item 252, conclui Kardec:

> Ressalta do que fica dito um ensinamento de grande alcance: que as imperfeições morais dão azo à ação dos Espíritos obsessores e que o mais seguro meio de a pessoa se livrar deles é atrair os bons pela prática do Bem. Sem dúvida, os bons Espíritos têm mais poder que os maus, e a vontade deles basta para afastar estes últimos; eles, porém, só assistem os que os secundam pelos esforços que fazem por melhorar-se, sem o que se afastam e deixam o campo livre aos maus, que se tornam, assim, em certos casos, instrumentos de punição, visto que os bons permitem que ajam para esse fim.

E concluiríamos nós: quantas perturbações e desequilíbrios seriam evitados se, em todas as situações, procurássemos, antes de tudo, *conter a língua!*

PARA ABRIR ALAS...

PROCLAMA CONHECIDO DITADO: "O mundo abre alas para deixar passar aquele que sabe aonde vai."

Admirável verdade! Nos variados setores da atividade humana, triunfam não os mais bem-dotados, e sim aqueles que sabem o que querem e se esforçam por alcançá-lo. A incapacidade e a mediocridade não são irremediáveis: somos incapazes até quando resolvemos realizar e medíocres até quando começamos a pensar.

Honoré de Balzac escrevia vertiginosamente, empolgado pelo propósito de firmar-se como escritor. "Morro de tanto trabalhar!" — declarou na agonia. Mas os críticos, que a princípio o ignoravam, em breve reconheciam-lhe os méritos, situando-o entre os grandes romancistas de todos os tempos...

Demóstenes passava os dias junto ao mar, discursando. Conservava a boca cheia de seixos para vencer a gaguez, e procurava desenvolver a potência da voz sobrepondo-a ao marulho das ondas. Tornou-se, assim, o maior orador da Antiguidade.

Thomaz Alva Edison, quando em pesquisa, emendava dias e noites, permitindo-se apenas breves pausas para descanso. Tal pertinácia permitiu-lhe patentear 1.033 invenções, dentre as quais o fonógrafo e a lâmpada elétrica, suficientes para lhe garantirem lugar de destaque na galeria dos gênios...

A ausência de objetivos superiores é um dos grandes males humanos. Estacionados na rotina, os homens tendem a preocupar-se com ninharias, emprestando demasiada importância a acontecimentos banais, a fenômenos naturais de desgaste orgânico e ao procedimento alheio, transformando-se em eternos inquietos, em doentes crônicos e amigos da maledicência. Quando resolvem mudar, não cogitam de olhar para o Alto. Preferem descer ao rés do chão, resvalando para a inconsequência e o vício.

Se circunstâncias várias, representando incentivo de progresso, colocam em suas mãos possibilidades de realizações nos campos da Fé, da Cultura, da Arte ou da Virtude, não se empolgam com as perspectivas do melhor, nem demonstram a necessária perseverança para chegar ao fim, retornando à indiferença.

Falta-lhes, não a energia criadora, pois o espírito humano possui potencialidades inimagináveis — somos filhos de Deus! — e sim a vontade de caminhar. Falta-lhes até mesmo a curiosidade de conhecer o porquê da jornada terrestre e quais as metas a serem alcançadas.

Suas aspirações (quando as possuem) não passam de simples desejos humanos, alguns bastante louváveis, como o matrimônio e o lar florido de rebentos queridos, mas que não podem ser tomados à conta de finalidade da existência, pois nem sequer sabem se traçaram tal roteiro ao reencarnar. Daí os desenganos e sofrimentos que conservam em seus lábios o sabor acre da infelicidade.

E nós, espíritas, estaremos em melhor situação? Nem sempre, pois, embora as bênçãos que nos têm sido proporcionadas, estamos longe de superar as tendências da multidão.

Acalentamos o sonho de nos tornarmos gênios do Bem, empolgados por compensações futuras; todavia, procedemos, ainda, como o estudante entusiasmado com a possibilidade de conquistar o diploma do curso superior, mas que não sente vocação para a árdua disciplina do aprendizado.

Contudo, se é aceitável que o ignorante das questões espirituais viva entregue a si mesmo, na rotina dos interesses imediatistas, o mesmo não pode acontecer com o adepto da Terceira Revelação, pois sobre seus ombros pesam as tremendas responsabilidades do conhecimento.

Não é por simples acaso que nos vemos um dia em contato com o Espiritismo, assimilando noções sobre as finalidades da Vida. É que a criança deve crescer e, espiritualmente falando, é chegado o tempo de aceitarmos os deveres da maioridade. Conservar a inconsequência infantil, na idade da razão, é candidatar-se ao retardamento.

Não exigem os mensageiros do Além que sejamos vanguardeiros do Movimento Espírita; esperam apenas que não estacionemos na retaguarda...

Para tanto, é imperioso que mobilizemos as forças criadoras que dormitam em nosso íntimo e busquemos as metas do aprimoramento espiritual, por meio do esforço da renovação e da perseverança no Bem.

Ainda que o mundo não nos compreenda, o que é quase certo, considerando-nos excêntricos, estejamos convictos de que nos deixará passar, se perseverarmos com Jesus, conscientes de onde devemos chegar.

ANTE AS SURPRESAS DA JORNADA

A DOR E A ADVERSIDADE, mestras da evolução na Terra, chegam algumas vezes tão intensa e inesperadamente, à maneira de autênticas ciladas do Destino, que provocam as mais amargas impressões.

A morte súbita do ente amado... a desilusão sentimental... o desastre financeiro... a doença grave... a traição do amigo...

Ninguém atravessará com segurança semelhantes transes se não conservar a coragem de viver, evitando a pretensa condição de vítima ou o cultivo de sentimentos negativos, que apenas pioram o presente, e quase sempre complicam o futuro.

Ninguém é vítima senão de seus próprios erros, e fechar os olhos, porque a noite chegou, é arriscar-se a cair.

A jovem sonhadora conhece um rapaz. Experimenta as emoções de quem encontrou seu príncipe encantado. Flertam, iniciam namoro, tornam-se noivos. Ela é toda ventura! Dedica-se à confecção do enxoval, faz planos com relação ao lar sonhado, esmera-se em preparativos para as núpcias! Risonhas perspectivas acenam ao seu coração!

Um dia, entretanto, por um motivo qualquer ou sem motivo algum, o rapaz rompe o noivado e desaparece... Choque terrível! A mágoa incontida devora-lhe a alma! Lágrimas, depressão e crise nervosa estabelecem sequência.

Mas a vida continua, e seria de esperar-se que o Tempo, o grande remédio para todos os males, devolvesse o sorriso aos seus lábios e lhe povoasse o coração de novos sonhos.

Infelizmente, isso não acontece. Cultivando a volúpia do sofrimento, a jovem recusa-se a buscar a normalidade. De nada valem as manifestações de carinho dos familiares e os conselhos dos amigos. Ela perdeu a vontade de viver. Adoece, definha e morre!

— Morreu de amor!... — diria o poeta. Na realidade, porém, suicidou-se!

Usando a ferrugem por profilaxia, não poderemos culpar o ferimento se a infecção nos conduzir ao túmulo.

Algo semelhante ocorreu com a jovem. Não poderia sobreviver, pois submeteu o coração dorido aos venenos destruidores do desespero e da inconformação.

"Talvez o golpe tenha sido demasiado forte", dirá alguém.

É preciso considerar, todavia, que ninguém enfrenta atribulações superiores às suas forças, nem haveria justiça em Deus se assim fosse. Nós mesmos, ao reencarnar, planejamos o encontro com o sofrimento maior, ensejando resgate do passado, teste no presente e lição para o futuro.

Quantas vezes terá a jovem zombado de afetos nobres e dignos, em pretéritas existências?

Quantos débitos traremos na contabilidade da consciência, à espera de que a vida venha cobrá-los?

Somente Jesus sofreu sem merecer, legando-nos o exemplo de dignidade, humildade e confiança em todas as situações.

"...Cumpra-se a tua vontade, Pai" — diz o Mestre, ante o assalto da ingratidão e da injustiça. E tomando sobre os ombros a cruz, segue resoluto, sem mágoa ou esmorecimento.

SUGESTÃO

— Que satisfação encontrá-lo tão bem-disposto, meu caro!... Forte! Corado! Parece mais jovem! Qual o seu segredo?

Diante de tão efusivas manifestações, é bem provável que o amigo a quem nos dirigimos se sinta animado, ainda que não detenha boas condições físicas, como se um sopro de vitalidade o envolvesse.

— Que aconteceu com você, rapaz? Está abatido! Emagreceu!... Alguma doença?... Trate de cuidar-se!

Estas palavras, pronunciadas com inflexão de espanto, terão efeito contrário, e é bem provável que lhe estraguem o dia. Sua primeira preocupação será procurar uma balança. A impressão suscitada por nossa manifestação pessimista o incomodará por muito tempo.

Tais reações demonstram o quanto a natureza humana é sugestionável. Não possuímos ainda a maturidade necessária para o culto de ideias próprias, nem o discernimento que nos possibilite distinguir o certo do errado, sem nos deixarmos influenciar pela opinião alheia. E sempre que a sugestão atinge os pontos fracos de nossa personalidade, rendemo-nos, incondicionalmente, sem esboçar o mais leve gesto de defesa.

A simples insinuação de que ligeira dor que sente na região toráxica pode ser consequência de uma lesão cardíaca, levará o hipocondríaco ao gabinete médico. Imaginará que a crise fatal é iminente. Insistirá em submeter-se a exames diversos, julgados desnecessários pelo facultativo, em vista da normalidade de suas funções orgânicas. Finalmente, o "doente" deixará o consultório levando uma prescrição inócua. Doença de imaginação, remédio imaginário.

Concebendo a ideia de que um ser invisível procure sugestionar-nos, empregando um método sutil, no qual suas ideias surjam em nossa mente como se fossem fruto de nossos próprios pensamentos, teremos perfeitamente caracterizada a influência dos Espíritos obsessores. E, sempre que nos rendemos a essa pressão, somos candidatos à perturbação.

Suas vítimas, dominadas por desajustes tão lamentáveis que se envergonham de revelar, encontram, não raro, alívio no tratamento psicanalítico, o que, longe de invalidar a realidade apresentada pela Doutrina dos Espíritos, apenas a confirma.

É que iniciado o tratamento, estabelece-se uma disputa entre o médico e os Espíritos obsessores. O primeiro sugestionando o paciente no sentido de reagir e voltar à normalidade. Os segundos, procurando, pelo mesmo processo, mantê-lo no desequilíbrio. Se o psicanalista possuir um poder de persuasão mais forte, é bem provável que prevaleça a sua vontade, favorecendo a recuperação.

Entretanto, quase sempre a Psicanálise revela-se ineficaz, porque há frequentes recaídas. É que tão logo é proclamada a cura e suspenso o tratamento, voltam os perseguidores espirituais a envolver sua vítima, precipitando-a em novas crises.

Os esforços da Medicina no terreno psíquico são respeitáveis e dignos, mas jamais ultrapassarão estreitos limites, enquanto os resultados dependerem, quase exclusivamente, da capacidade dos discípulos de Freud em provocar reações favoráveis nos doentes mentais, utilizando por principal agente de cura a revelação de que seus males tiveram origem em frustrações da libido, recalques infantis, acidentes psicológicos e outras sutilezas acadêmicas, ensaiando conclusões que raramente correspondem à realidade.

Há um grande passo a ser dado, que é o reconhecimento da personalidade imortal, o Espírito, em jornada de progresso por múltiplas vivências na Terra, guardando no íntimo imperfeições e mazelas que geram perturbações e desajustes, muitas vezes sob indução de ideias infelizes sugeridas pelos homens, com o uso da palavra articulada, ou pelos Espíritos, com o pensamento.

Somente as bênçãos da educação espiritual, incentivando o autoaprimoramento e a perseverança no Bem, libertarão em definitivo a criatura humana de tais males. Nesse terreno, o Espiritismo é o grande pioneiro.

DO EGOÍSMO AO AMOR

FALÁVAMOS DO VELHO EGOÍSMO, gerador de quase todos os males humanos, ressaltando a necessidade de combatê-lo com a movimentação das mãos no serviço ao semelhante, quando alguém objetou:

— Segundo deduzo por suas palavras, a Caridade seria uma espécie de antídoto. Parece-me, todavia, que se busco ajudar, esperando que a neutralização de minhas tendências egoísticas favoreça a paz e o equilíbrio em mim, meu procedimento será tão pouco virtuoso quanto o daqueles que o fazem empolgados pelas perspectivas de fácil ingresso no paraíso, além-túmulo. Evidenciado o interesse pessoal, estaríamos tão somente diante de nova manifestação do malfazejo sentimento.

O argumento não é destituído de lógica, mesmo porque, inúmeras vezes, temos formulado o propósito de dedicação às tarefas do Bem, não pela vocação de servir, mas pura e simplesmente pelo desejo de manter razoável crédito de bônus-hora[2] nos "Bancos" do mundo invisível, a fim de garantir benefícios espirituais.

[2] Moeda simbólica a que faz referência André Luiz, no livro *Nosso Lar*.

Há médiuns que, nos dias de sessões, se empenham em confortar doentes ou socorrer necessitados, por sentirem que estas atividades favorecem a sintonia com seus mentores, o que lhes proporciona seguro desenvolvimento das tarefas de intercâmbio. Em conjunto, tais atividades representam para a maioria o recurso indispensável na preservação do equilíbrio psíquico.

Forçoso é reconhecer, todavia, que o amor pelo semelhante, expressão da verdadeira caridade, característica daqueles que ajudam pela alegria de serem úteis, sem esperar outra recompensa que o reconforto alheio, não é conquista gratuita nem acidente biológico. Longa é a jornada que começa no interesse de receber até chegar ao ideal de servir. A metamorfose de mercador em discípulo de Jesus pede a colaboração do Tempo e a perseverança no Bem.

E se longe estamos todos na espontaneidade do amor, alguns há que superaram o impulso egoístico de dar para receber. Conscientes de seus deveres, sacrificam conforto e prazeres em favor do próximo, por sentirem que, antes de mais nada, o próximo é seu irmão.

Estes passam por experiências sublimes que o homem comum desconhece, como a que nos relatou, certa vez, velho companheiro de doutrina.

Atendendo às tarefas assistenciais de nosso grupo — contou-nos ele —, visitamos uma família cuja situação era das mais precárias: o marido, tuberculoso, estivera internado em hospital distante; a esposa, em adiantada gestação, muito fraca, tinha sob seus cuidados cinco filhos, o mais velho de sete anos. Moravam num único cômodo, em bairro distante.

Éramos três visitadores, e grande foi nossa surpresa ao sermos recebidos pelo chefe da casa.

— Por que deixou o hospital, rapaz? — perguntamos-lhe em tom severo. — No estado em que se encontra, você nada poderá fazer pelos seus! Além de agravar seu mal, poderá contagiar as crianças!

— Peço-lhes que me perdoem — balbuciou, humilde, o pobre homem. — Eu tinha que voltar! A saudade e a preocupação devoravam minha alma! A ansiedade era minha companheira constante, roubando-me o sono e a paz! Se ia comer, lembrava que meus filhos estariam passando fome. Sentia, então, um nó na garganta e não conseguia engolir! Não podia mais ficar lá! Acabaria enlouquecendo!...

Diante do infeliz que soluçava, avaliando a extensão da tragédia vivida por aquela família, não pudemos evitar que as lágrimas aflorassem em nossos olhos. Então, algo se agitou em nosso íntimo, algo muito acima do mero interesse em ser útil ou da simples noção do dever, e que nos impeliu a dizer-lhe, com veemência:

— Coragem, amigo! Você não está só! Somos seus irmãos! Enxugue as lágrimas e volte para o hospital! Não tema! Ampararemos sua família! Seus filhos serão nossos filhos! Fique tranquilo, ninguém padecerá fome!...

Ao regressarmos à cidade, embora de coração amargurado, sentíamos o ruflar suave de asas angelicais, como se mensageiros celestes estivessem ao nosso lado, trazendo-nos brando reconforto. Sabíamos o porquê de tão sublime graça — é que por instantes brilhara em nossos corações a divina chama do Amor!

Fora um simples relâmpago, um fulgor passageiro, mas, por instantes, deixáramos de ser míseros pecadores e fôramos Filhos de Deus!

MUDANÇA IMPERIOSA

QUE É A FELICIDADE?

— É enxergar! — responde o cego.

— É ouvir! — diz o surdo.

— É ser rico! — afirma o pobre.

— É desfrutar de posição social e conforto! — proclama o rapaz ambicioso.

— É encontrar um príncipe encantado! — suspira a jovem sonhadora.

Estas respostas exprimem o hábito muito humano de condicionarmos a felicidade à concretização de sonhos ou à satisfação de necessidades.

Assim, muitos a esperam amanhã, quando forem ricos, quando possuírem uma casa, quando comprarem um automóvel, quando se casarem, quando se livrarem de seus males, quando forem alguém...

Não nos deteremos naqueles que acham o que procuram sem se tornarem felizes, o que é natural, pois a felicidade não é uma conquista exterior, e sim interior, nem está subordinada à satisfação de nossos desejos diante da Vida, e sim ao desejo de compreender o que a Vida espera de nós.

Falaremos daqueles que sofrem por não encontrar a posição, o ambiente, a situação, a companhia, o afeto ou a compreensão almejados. A partir do instante em que percebem a inutilidade de seus esforços, sentem-se frustrados.

A frustração — consciência do fracasso em face do desejado — costuma despertar, nos menos fortes, sentimentos de depressão e rebeldia, geradores de lamentáveis crises nervosas que os precipitam, não raro, em perigosos desajustes psíquicos.

Se procuram os centros espíritas, verifica-se, facilmente, que estão sob a influência perniciosa de entidades sofredoras e ignorantes, atraídas pelas leis da afinidade, ou sob o domínio de obsessores cruéis que lhes exploram habilmente o ânimo abalado.

Sem esboçar a mais leve reação, muitos terminam em casas de saúde, para permanência de duração imprevisível; outros buscam a solução de seus problemas no suicídio, essa porta falsa que apenas os precipita em sofrimentos mais acentuados.

Para que estes males sejam evitados e possamos aproveitar as oportunidades de edificação da experiência humana, superando o sentimento de frustração, imperioso é assimilarmos duas lições muito importantes:

Primeira: A depressão, a tristeza, o desânimo, o pessimismo, o sofrimento insuportável não fazem parte das provações humanas. Surgem em nosso caminho apenas quando nos rebelamos ante as alternativas do Destino. Sempre que "amarramos a cara" porque a Vida negou o que lhe pedíamos ou nos deu o que não desejávamos, estamos comprometendo a nossa estabilidade espiritual e caminhando para a perturbação, que multiplica dores e subtrai méritos.

Segunda: O acaso não existe. Lutas, dores, dificuldades, situações difíceis e problemas angustiosos fazem parte de um programa que nós mesmos traçamos quando nos encontrávamos no plano espiritual e tínhamos consciência plena de nossas reais necessidades.

Por isso, em nosso próprio benefício, devemos mudar o centro de nosso interesse na Terra. É natural que a jovem deseje casar; que o rapaz ambicione situação melhor; que o doente espere a cura. É natural que tenhamos sonhos, mas não podemos convertê-los em supremas aspirações, em condições indispensáveis de felicidade, porque pode ser que não tenhamos programado semelhantes realizações.

Hoje que o Espiritismo nos ensina a raciocinar, em termos de eternidade, é imperioso compreender que o tema central de nossa Vida deve ser o ideal do Bem, porque só seremos verdadeiramente felizes quando formos bons.

Quanto maior o nosso esforço nesse sentido, menores os nossos sofrimentos, porque antes de ser instrumento de resgate, a dor fertiliza nosso coração para a bondade.

Sendo Jesus a personificação do Bem Supremo, é natural que busquemos elegê-lo por padrão de nossa conduta.

Eis a mais nobre e mais bela de todas as aspirações, a consubstanciar a própria finalidade da romagem terrena: tornarmo-nos cristãos!

É uma luta árdua, que implica combate diário contra milenares sentimentos inferiores que moram em nosso coração, mas é o único esforço que nunca nos trará frustrações, porque representa a jornada para Deus.

O QUE OS PAIS DEVEM SABER

O TERMÔMETRO MARCA quarenta graus. A criança debate-se em convulsões próprias de tão elevada temperatura. Constatada a infecção pelo clínico da família, a medicação antibiótica é aplicada sem demora, sob a expectativa ansiosa dos pais, que não se afastam do leito bem cuidado.

A febre parece não ceder, e, enquanto a madrugada avança lentamente, eles permanecem em dolorosa vigília e ardentes orações.

Acompanhando a silenciosa luta do frágil ser contra a morte, indagam de si mesmos como pudera a enfermidade assumir características tão avassaladoras! Evidentemente, uma causa houvera! Algo que enfraquecera as defesas orgânicas, permitindo a incursão dos bacilos geradores do grave processo patológico! Como teria acontecido, se todos os cuidados eram dispensados ao rebento querido, desde a rigorosa higiene ao mais perfeito regime alimentar?

Nunca poderiam imaginar, no entanto, que fora um lamentável descuido de sua parte que envenenara a criança, comprometendo a ação dos agentes imunológicos. Mas um envenenamento que não deixara vestígios...

Dias antes tiveram violenta discussão, dessas comuns em lares que não são habitados pelo respeito e pela compreensão. Enquanto trocavam palavras ásperas e impensadas, suas mentes, descontroladas pela ira, emitiam vibrações que tornavam deletéria a atmosfera psíquica da casa. Ao sofrer o impacto do ambiente viciado, o pequeno ser tornou-se vítima da insensatez de seus genitores.

Não podemos olvidar, para perfeita compreensão do fenômeno, que a nossa mente funciona qual autêntico gerador de força magnética, a expandir-se por pensamentos e palavras.

Quando nos mantemos equilibrados na serenidade, suas emissões são sempre salutares, favorecendo harmonia em nosso derredor. Entretanto, se nos dominam a cólera, o rancor, o ciúme, ou qualquer outro sentimento de agressividade, desregulamos os centros de energia mental e passamos a emitir, qual instalação elétrica em curto-circuito, forças destruidoras que comprometem nossa estabilidade espiritual e a salubridade do ambiente em que nos detemos.

Sendo estas explosões mais frequentes na intimidade do lar, onde se rompe com maior facilidade o leve verniz de civilização que a vida em sociedade impõe, as crianças são as primeiras a sofrer as consequências, em virtude de sua frágil constituição.

Há mulheres que envenenam o leite materno com pensamentos menos dignos; homens que levam para seus filhos as mais nocivas influências colhidas no vício, e casais que, em constantes desavenças, formam lares psiquicamente negativos para os pequenos.

Muitos Espíritos partem da Terra, diariamente, deixando a vestimenta carnal nos verdes anos da infância, atendendo a imperativos de experiências e provações. Mas há, também, aqueles que desencarnam apenas por não suportarem o ambiente do lar.

Os benfeitores espirituais, os chamados anjos de guarda, procuram facultar-lhes todos os recursos de sobrevivência, salvaguardando-os de semelhantes males, mas há ocasiões em que veem frustrados seus esforços, tão violento é o impacto das vibrações deletérias em que são envolvidos os pequenos, em virtude da criminosa imprudência daqueles que não medem a extensão das responsabilidades que assumiram perante Deus, ao aceitarem a sagrada missão da paternidade.

***

Quando aconselhados a sofrear seus maus impulsos, muitos dizem, simplesmente: "Impossível, pois meu gênio é assim! É a minha natureza!"

Todavia, tal afirmativa encerra um absurdo inconcebível, inspirado em raciocínio simplista. Aceitá-la seria admitir que Deus criasse Espíritos violentos e viciados. Os sentimentos inferiores que dominam a alma humana são apenas fruto de seus desastrosos fracassos no passado.

Parecerá pieguice, para muitos, dizer que o caminho de regresso à Casa Paterna e, consequentemente, o caminho da salvação, é o da renovação à luz do Evangelho, em combate corajoso e perseverante contra nossas mazelas.

A Doutrina dos Espíritos, porém, vai além, e é extraordinariamente persuasiva quando, usando a lógica irretorquível da filosofia edificada sobre bases científicas, fala ao que existe de mais nobre e puro em seus corações — o amor que dedicam aos filhos —, e revela que, para o perfeito desenvolvimento físico e espiritual dos rebentos queridos, a alimentação sadia, o vestuário adequado e os cuidados higiênicos são importantes, mas a harmonia no lar, garantida pelo esforço da vivência cristã, é indispensável.

Recusar atender-lhe às advertências seria demonstrar a triste cegueira de quem não quer ver!

ORAÇÃO

Em inúmeras passagens da Boa Nova, relatam os evangelistas:

"E Jesus dirigiu-se ao monte para orar."

"Jesus deixou os discípulos e foi orar."

"Jesus levantou-se, alta madrugada, e foi para um lugar deserto orar."

"Jesus passou a noite orando a Deus."

Aos discípulos recomenda a oração para curar enfermidades, afastar Espíritos impuros e combater as tentações do mundo.

O Mestre deixa bem claro, assim, que a oração deve ser parte integrante de nossas atividades. Nos trabalhos e lutas de cada dia, ela é o sagrado ensejo de comunhão com as Fontes da Vida, na preservação da paz interior.

Mas será que Deus atende sempre nossas orações? É Jesus quem responde, no capítulo 18 do Evangelho de Lucas:

"Havia em certa cidade um juiz que não temia a Deus nem respeitava os homens. Havia, também, uma viúva que vinha constantemente ter com ele, dizendo: 'Defende-me do meu adversário.'

"Ele, por algum tempo, não queria atender, mas depois disse de si para si: 'Se bem que eu não tema a Deus, nem respeite

os homens; todavia, porque esta viúva me importuna, far-lhe-ei justiça, para que ela não me desprestigie com as suas constantes visitas.'

"Ouvi o que disse este juiz injusto e indigno. Não fará justiça Deus aos seus escolhidos, que a Ele clamam dia e noite, embora pareça demorado em socorrê-los? Digo-vos que bem depressa lhes fará justiça."

A parábola é significativa. Se aquele juiz, que era injusto e indigno, houve por bem atender à mulher, porque o procurava todos os dias, com muito mais certeza nos atenderá Deus, não porque o importunemos, mas porque Ele é nosso Pai.

Todavia, é preciso considerar o problema da justiça. Quando oramos, sempre pedimos a Deus o que julgamos justo para nós. Se estamos doentes, queremos a saúde; se há um problema, desejamos a solução; se a dor nos procura, esperamos que seja afastada.

E muitas vezes julgamos que Deus não nos atendeu, porque a saúde não veio, o problema não foi resolvido, a dor não foi embora.

No entanto, Jesus diz que Deus bem depressa nos faz justiça, isto é, responde às nossas orações. E se nos parece que isto não ocorre, é porque Ele nos atende, não segundo nossos desejos, mas de conformidade com nossos méritos.

Enxergamos apenas uma parte da Realidade, aquela que nos permitem nossos acanhados sentidos físicos. Se a nossa visão espiritual se dilatasse e pudéssemos conhecer o passado, verificaríamos que quase todos os males que nos afligem representam a colheita obrigatória de espinhos que semeamos em existências anteriores. A oração abrandará as dores, mas não as eliminará, enquanto o campo íntimo não estiver limpo do espinheiro.

Mas nem tudo é fruto do passado. Há dificuldades e lutas no mundo que surgem à maneira de exercícios que desenvolvem nossas potencialidades criadoras, no caminho da evolução. A oração nos ajudará a enfrentá-las, mas não esperemos que Deus as afaste sem esforço de nossa parte, o que seria a negação da própria finalidade delas.

Em *O Evangelho segundo o Espiritismo*, capítulo 27, Kardec apresenta um exemplo muito claro a esse respeito.

Um homem, perdido no deserto e torturado pela sede, implora a ajuda do Alto. Nenhum Espírito lhe trará água, mas, se estiver disposto a caminhar, será inspirado a procurar e irá encontrá-la.

Uma velha e sugestiva oração nos dá a medida exata do que se deve procurar na comunhão com Deus:

"Senhor, dá-me coragem para suportar com serenidade o que não pode nem deve ser mudado; força para mudar o que pode e deve ser mudado; e discernimento para distinguir entre uma coisa e outra."

AINDA A ORAÇÃO

No livro *Entre a Terra e o Céu*, de André Luiz, diz um mentor espiritual:

"Em nome de Deus, as criaturas, tanto quanto possível, atendem às criaturas."

E mais adiante: "A prece, qualquer que ela seja, é ação provocando a reação que lhe corresponde. Conforme a sua natureza, paira na região em que foi emitida, ou eleva-se mais, ou menos, recebendo a resposta imediata ou remota, segundo as finalidades a que se destina. Desejos banais encontram realização próxima na própria esfera em que surgem. Impulsos de expressão algo mais nobre são amparados pelas almas que se enobreceram. Ideais e petições de significação profunda na imortalidade remontam às alturas..."

Segundo o mesmo princípio, uma situação pode ensejar diferentes tipos de oração e, consequentemente, diferentes respostas do plano espiritual.

Se estou doente e peço a Deus o dom da saúde, apenas porque me incomoda a prisão ao leito, minha oração, inspirada em desejo muito humano, pairará nas proximidades da Terra...

Se desejo a cura porque me preocupa o cuidado que devo dispensar aos familiares, minha oração, exprimindo senso de responsabilidade, atingirá planos mais altos...

Finalmente, se cogito do reequilíbrio orgânico, porque vibra em meu coração o fremente anseio de dedicação ao serviço do Bem, minha oração, impulsionada por elevados sentimentos de fraternidade, atingirá regiões celestiais...

Qual será melhor atendida? A última, sem dúvida, mesmo que se considere a questão do merecimento, pois a motivação que a consubstancia constitui o mais legítimo cartão de crédito para concessões da Espiritualidade.

É comum a oração ser dirigida a um Espírito amigo, parente desencarnado, santo ou líder religioso. É válida e não ficará sem resposta, observados, naturalmente, o impulso que a moveu e os méritos de quem ora.

No meio espírita costuma-se apelar para Bezerra de Menezes. Mas como pode ele atender a tantas solicitações e ser visto em vários lugares ao mesmo tempo?

No livro *Ação e reação*, André Luiz informa que Espíritos com grandes tarefas junto à Humanidade, como é o caso do Apóstolo da Caridade, nunca trabalham de forma isolada. Há sempre uma equipe de colaboradores que os representam, agindo em seu nome.

Às vezes é endereçado pedido de ajuda a um familiar desencarnado, mas este não está em condições de atender. Ficará a oração sem resposta? Ainda no livro *Entre a Terra e o Céu*, André Luiz refere-se a esse problema, ao contar a experiência da jovem Evelina.

Sua mãe falecera havia alguns anos. O pai casara-se em segundas núpcias. Entretanto, a situação no lar era muito difícil. Seu irmãozinho falecera num acidente. A madrasta julgava-se culpada e entrara em terrível depressão, com perigosa perda de energias. O pai, desorientado, situava-se às portas do desespero.

Sensível e generosa, Evelina orava todas as noites, dirigindo-se à mãezinha e pedindo-lhe que socorresse a família. Mal sabia que a genitora desencarnada não se conformava com o novo casamento do marido e, desvairada, obsidiava a intrusa, pretendendo sua morte.

Tão ardentes e sinceras eram as orações da menina que, não encontrando receptividade no conturbado Espírito da genitora, foram bater, por um fenômeno denominado *refração*, numa instituição de auxílio situada no plano espiritual. E de lá partiu uma expedição socorrista que, com comovedora atuação, levou a tranquilidade àquele lar em perigo.

Há também orações que, para serem atendidas, não dispensam o concurso de instrumentos humanos. Uma viúva humilde, mãe de cinco filhos pequenos, sofre uma queda e fratura a perna. Presa ao leito, implora a ajuda do Céu. Porque sua vida é dura, e sensível o seu coração, há sempre Espíritos amigos confortando-a, dando-lhe coragem, sustentando-a na luta.

Mas, na presente situação, isso não basta. Há necessidade de quem a socorra no plano material, porque os benfeitores espirituais não podem lavar a roupa, preparar o alimento, cuidar das crianças...

Vizinhos e amigos dispostos a oferecer alguns minutos de seu dia, em favor daquele lar em dificuldade, estarão investidos da honrosa função de instrumentos da Espiritualidade.

E porque atendem às criaturas, em nome de Deus, jamais serão esquecidos pelas criaturas de Deus.

SINTONIA DA ATITUDE

SEGUNDO OS PRINCÍPIOS da mediunidade, vivemos todos em permanente regime de permuta psíquica, sintonizados com faixas vibratórias a que nos ajustamos.

O indivíduo perturbado é alguém que sintonizou com correntes de extremo negativismo, enquanto que estará a caminho da santidade aquele que, vencidas as limitações humanas, mantiver uma sintonia positiva, em comunhão com as esferas mais altas.

O homem, regra geral, é um ser milenarmente viciado em atitudes negativas, assimilando, assim, com lamentável frequência, vibrações tóxicas que o desajustam espiritualmente, da mesma forma que sofre constantes distúrbios digestivos quem não faz uso de alimentação adequada.

Faz parte da higiene mental, na preservação da estabilidade íntima, o esforço por eliminar elementos de sintonia negativa. Para tanto, é necessário que saibamos distinguir o que são atitudes positivas e atitudes negativas.

Se dizemos: "Ó Meu Deus, como sou infeliz! Ninguém me compreende!" — é uma atitude negativa.

Se dissermos: "Ajuda-me, Senhor, a compreender meu semelhante!" — será uma atitude positiva.

Se dizemos: "Não perdoo!" — é uma atitude negativa.

Se dissermos: "Não há o que perdoar!" — será uma atitude positiva.

Se dizemos: "Estou exausto! Não posso!" — é uma atitude negativa.

Se dissermos: "Hei de ter forças!" — será uma atitude positiva.

Se dizemos: "Não o tolero!" — é uma atitude negativa.

Se dissermos: "Provavelmente tivemos algum desentendimento no passado e Deus fez nossos caminhos cruzarem no presente para que nos reconciliemos!" — será uma atitude positiva.

Se dizemos: "Perdi o ente caro ao meu coração! Que desgraça!... Tudo acabou para mim!" — é uma atitude negativa.

Se dissermos: "Deixou o exílio terrestre e tornou à pátria comum, onde, pela graça de Deus, nos reencontraremos um dia!" — será uma atitude positiva.

Se dizemos: "O Evangelho é a Luz do mundo, mas sou muito imperfeito para viver seus ensinamentos!" — é uma atitude negativa.

Se dissermos: "Sou muito imperfeito, mas, com a proteção de Jesus, haverei de proceder como bom cristão!" — será uma atitude positiva.

Se dizemos: "O Espiritismo proclama que fora da caridade não há salvação, mas as lutas da existência absorvem todas as minhas atenções!" — é uma atitude negativa.

Se dissermos: "Minha luta é grande, mas não me faltarão meios de confortar os que sofrem e socorrer os necessitados, na conciliação dos interesses efêmeros do mundo com os interesses eternos do Espírito!" — será uma atitude positiva.

Se costumamos comentar nossas dificuldades e dores; se o nervosismo e a irritação nos visitam com assiduidade; se bradamos aos céus pelo peso de nossa cruz, isto significa que adotamos uma atitude negativa, insatisfeitos com a posição em que a Vida nos situou, a qual, deveríamos saber, é a que melhor nos convém, porque Deus conhece nossas reais necessidades.

A vitória sobre as limitações humanas e a plena valorização das oportunidades de edificação na jornada terrestre são apanágios dos fortes, corajosos e otimistas, que silenciam em relação às suas atribulações e males; que buscam apenas o lado bom das pessoas; que se empolgam pela oportunidade de serem úteis e se esforçam em cumprir os ensinamentos cristãos.

Estes vivem positivamente e sintonizam com o Alto, no caminho de nobres realizações.

Raros, na Terra, desenvolvem esta capacidade em toda a sua plenitude, mas, quando tal acontece, surge um Francisco de Assis, a distribuir luzes e bênçãos, espírito de extraordinária positividade, que finalizava sua oração dizendo:

"Divino Mestre! Permiti que eu não procure tanto ser consolado quanto consolar; ser compreendido quanto compreender; ser amado quanto amar. Porque é dando que recebemos; perdoando é que somos perdoados, e é morrendo que nascemos para a Vida Eterna."

O AMBIENTE IDEAL

ESTIRADO NO LEITO bem cuidado, coração em angústia, o médium Ramires Castro extravasava suas mágoas em sofrida oração:

"Senhor Jesus! Derrama sobre meu espírito o bálsamo consolador! Alivia, por piedade, os tormentos de minha alma! O Espiritismo é luz bendita a inspirar-me o sagrado idealismo de viver consoante os princípios de teu Evangelho! Empolga-me o desejo de seguir teus passos, Mestre! Viver na pureza e simplicidade!... Amar o semelhante!... Cultivar a virtude!... Mas, Celeste Amigo, o mundo é tão perverso!... Sinto-me cercado de iniquidade, e sombras espessas ameaçam, por vezes, precipitar-me no torvelinho da perturbação!... Não me compreende a esposa... não correspondem aos meus esforços os filhos... são ingratos os amigos... Nas tarefas da mediunidade esbarro em obstáculos insuperáveis, pois os companheiros não me favorecem com vibrações de simpatia e ajuda... percebo em cada um o crítico sempre pronto a considerar, intimamente, fruto de minha imaginação as mais singelas manifestações."

Empolgado pelas próprias lamentações, na superexcitação do sentimento, continuava, banhado em lágrimas:

"Ó Senhor! Como anseio por libertar-me das grades humanas! Habitar planos mais altos, onde estejam erradicadas a incompreensão e a maledicência, a falsidade e a criminosa irresponsabilidade! Onde a fraternidade reine sem oposição! Que ventura não sentir o assédio das sombras nem a influência do mal escondido em alheios corações! Que alegria desenvolver as tarefas espirituais sob o amparo de coletividades plenamente sintonizadas com teu Amor!"

Perdido nestas cogitações, Ramires dormiu e, sob influência de benfeitores espirituais, seu Espírito passou a viver experiências intensas que permaneceriam registradas sob a forma de imagens oníricas.

Sonhou que aportava em planeta distante, onde paisagens deslumbrantes, sem similar na Terra, faziam o encanto de seus olhos.

— Sê bem-vindo ao nosso orbe! — disse-lhe delicado recepcionista —, Jesus, o Divino Amigo, sob cuja amorosa tutela também permanecemos, decidiu conceder-te a graça de viver neste mundo superior, distanciado das misérias e infortúnios terrestres.

Emocionado, incapaz de conter as lágrimas, o medianeiro prosternou-se e agradeceu ao Senhor. Agora, sim, serviria fielmente, aproveitaria plenamente suas possibilidades mediúnicas, viveria seu ideal — encontrava-se entre verdadeiros cristãos!

Ante os imperativos do aprendizado a que era submetido, esquecera familiares e problemas humanos, empolgando-se com as perspectivas de aproveitamento das lições, qual aluno aplicado, em escola perfeita.

Em breve, porém, desiludiu-se e, procurando dedicado instrutor que atendia a tarefas de orientação mediúnica, externou suas queixas:

— Imploro-te, generoso amigo, ajuda para meu Espírito atribulado. Almejo servir a Jesus nas tarefas da mediunidade, mas não creio que isso seja possível aqui. Vejo-me envolvido pelas mesmas influências desequilibrantes que me afligiam na Terra. Pensamentos confusos vibram em meu cérebro e sou assaltado por crises de angústia e desalento... Os companheiros recebem-me com aparente bondade; todavia, parecem demasiado imperturbáveis. Quando lhes relato meus problemas, sorriem, aparentando complacência, qual se estivessem diante das birras de uma criança, confundindo-me com exortações sobre o trabalho, como se eu não conhecesse suficientemente bem os meus deveres...

Percebo em muitos a falsidade e a hipocrisia. Infelizmente, ainda não encontrei o clima ideal para que possa viver, integralmente, a mensagem cristã.

O sábio mentor ouvia, atento, enquanto Ramires, com a segurança de quem pronuncia um discurso muitas vezes repetido, desfiava o rosário das queixas. Depois, falou benevolente:

— Filho, tuas mágoas são as mesmas de quando estavas na Terra... Entretanto, aqui elas não têm razão de ser. Dizes-te perturbado, ante o assédio de forças malfazejas; no entanto, em nosso orbe, Espíritos encarnados e desencarnados vivem para o Bem, sem cogitações inferiores. Proclamas a incompreensão dos companheiros e usas adjetivos fortes; todavia, nestas paragens, ninguém busca ventura maior que a de amar e servir. Falas de intraduzíveis amarguras íntimas, e estagias em mundo superior, onde reina, soberana, a harmonia. Não percebeste, ainda, que todos esses males são interiores e não exteriores. Permanecem dentro de ti e não no próximo ou na paisagem. Por não teres compreensão, julgas-te incompreendido. Por não cultivares a fraternidade, acreditas que te desprezam... Alimentas desajustes e imaginas que te assediam... Asilas o Mal e o enxergas onde não existe... Buscas o ambiente ideal, mas nunca o encontrarás, enquanto não o edificares no próprio coração.

Ante a surpresa de Ramires diante daquelas advertências inesperadas, o mentor acentuou, delicado:

— Em lugar algum do Universo, nem junto de Jesus, estarás livre dos espinhos que te torturam, fruto da semeadura de desajustes e desatinos no passado distante, a não ser que te proponhas a orientar a vontade na direção do Bem verdadeiro, que não julga nem critica, não reclama nem condena, não esmorece nem desanima, não ambiciona nem exige — apenas serve! A Terra é a melhor escola para as tuas necessidades atuais. Nas mesmas regiões onde delinquiste, mais fácil será reajustares o destino. Lá, as fraquezas de teus irmãos te alertarão quanto às próprias deficiências e seus erros ajudar-te-ão a distinguir o caminho certo. Conviverás com vítimas e verdugos do passado, muitas vezes ligados a eles pelos laços da consanguinidade, a fim de aprenderes a conjugar os verbos amar e perdoar... E para que sejas sempre forte e perseverante na luta, modifica a concepção de que o planeta terrestre é palco de tragédias, onde imperam o crime e o vício, e reconhece que, antes de mais nada, o mundo onde nasceste é oficina bendita de Deus, onde edificarás o futuro de bênçãos.

Sob forte impressão, ante aquelas exortações inesquecíveis, Ramires acordou. Em seus ouvidos ressoavam, ainda, como se viessem de muito longe, as últimas palavras:

— Não esqueças, filho, a recomendação de Jesus: "Buscai o Reino de Deus dentro de vós!"

É TEU IRMÃO!

RESIDIAM OS TRÊS, marido, esposa e filhinha, num casebre situado em zona rural. Gente simples, enfrentando as lutas dos que, por força de suas provações, têm por eterna companheira a miséria e por inspiração, o sofrimento. O sítio era do patrão e o salário irrisório, ganho com muito suor, mal atendia as necessidades mais prementes. Viviam como todo pobre: alimentando-se de esperança.

Certa tarde, enquanto o chefe da casa trabalhava no cafezal distante, a mulher, trazendo a menina nos braços, aproximou-se das margens de largo rio, à procura de arbustos medicinais. No barranco alto foi acometida de vertigem. Mãe e filha precipitaram-se nas águas caudalosas...

Horas mais tarde, o pobre homem, transido de dor, viu os corpos serem retirados do rio e transportados para o cemitério. Dominado pelo desespero, colheu ervas venenosas e preparou bebida fulminante que ingeriu sem vacilar. No entanto, socorrido a tempo, foi internado num hospital onde permaneceu longos dias.

Restabelecido, não regressou à fazenda. Desorientado, assumiu a condição do viajor intranquilo, como se pretendesse fugir de si mesmo, mas sempre perseguido pela sombra da tragédia, incapaz de retornar à normalidade. Para agravar seus padecimentos, passou a sofrer estranhas convulsões, à maneira de crises epilépticas. Com semelhante mal, era sistematicamente despedido dos raros empregos que surgiam, descendo à indigência extrema.

Um dia, esteve no Albergue Noturno mantido pelo Centro Espírita "Amor e Caridade", em Bauru. O assistente encarregado de orientar e confortar os viajores, que por ali transitam, notou sua expressão sombria, os olhos tristes e perdidos, o ríctus de dor nos lábios trêmulos, então dirigiu-lhe a palavra, ganhou-lhe a confiança e ouviu o relato de sua desdita, após o que o infeliz concluiu:

— Sou um desgraçado!... minha existência está perdida!... a saudade é fel que me amargura os dias! E as atribulações que venho sofrendo!... tenho passado fome e sido acusado de malfeitor!... Não quero continuar no mundo!...

Notando que a perigosa ideia de autoaniquilamento voltava a envolvê-lo, o assistente comentou a loucura do suicídio e suas funestas consequências. Mostrou-lhe magnífico desenho mediúnico de Jesus, que há no refeitório, e o exortou a confiar no Mestre Supremo. Falou-lhe longamente, envolvendo-o em vibrações balsâmicas e alentadoras de sincera compaixão.

O ex-sitiante ouviu atento, contemplou a figura do meigo Rabi e, sentindo-se possuído de novo ânimo, ponderou:

— O senhor tem razão... é um pecado desesperar-se assim, quando o Filho de Deus, que tanto sofreu, nunca perdeu a coragem. É que a gente é fraca e há momentos em que tudo fica tão escuro, parece tão difícil, que só se pensa em loucuras. Muito obrigado por suas palavras. Deus o abençoe pelo conforto que me proporcionou. Sabe moço? Eu tenho muita fé em Jesus. Ele há de ajudar-me a encontrar um caminho...

Experiências dolorosas como a desse homem advertem-nos de que, diante da adversidade, a inconformação e o desespero são agentes terríveis que complicam o destino.

Naturalmente fazia parte do quadro de suas provações a perda da esposa e da filha em tão trágicas circunstâncias. Eram naturais o sofrimento intenso e a angústia da separação. Mas, faltando-lhe no momento crucial a confiança plena nos desígnios divinos, perdeu o controle de si mesmo e tentou desertar da vida.

A partir de então, começou a sofrer as convulsões, fruto da extremada excitação a que se entregou, a qual, agravada pela tentativa de sucídio, terá favorecido o assédio de entidades inferiores, nos processos da subjugação, ou a evolução de distúrbios nervosos que abriram campo à epilepsia. Daí à indigência foi um passo.

— A provação foi muito grande! — dirá alguém.

Todavia, uma das primeiras lições que a Doutrina Espírita ensina é que Deus não nos sujeita a sofrimentos superiores às nossas forças, e, se santos não somos, estejamos certos de que teremos programado atribulações que chegarão no tempo certo, por ensejo de resgate e progresso. Então testemunharemos nossa confiança no Pai celeste, a certeza da Imortalidade e a convicção nos postulados da Terceira Revelação.

E aquele homem, onde estará agora? Bem, no dia seguinte deixou o albergue e talvez fosse o visitante humilde que nos solicitou a bênção de uma refeição, quando trancamos a porta, após comunicar-lhe que não havia sobras...

É possível que fosse a figura solitária e triste que desejava uma informação na via pública, quando estugamos o passo, fingindo ignorá-lo...

Quem sabe fosse o infeliz de pernas trôpegas que caiu pesadamente à nossa frente, quando nos desviamos, sem cogitar de socorrê-lo...

Julgando apressadamente, justificamos a própria omissão proclamando:

— Ora, é um vagabundo!... É um malandro!... É um alcoólatra...

E Jesus, em quem ele disse confiar? Jesus, de quem esperava amparo? Jesus, que era sua esperança?

Jesus era aquela voz que no íntimo de nosso coração suplicava:

— Atende-o! É teu irmão!

EVOLUÇÃO

Em 24 de novembro de 1859 foram colocados à venda, nas livrarias de Londres, 1.250 exemplares de um novo livro.

O editor não acreditava na aceitação da obra; daí ser reduzida a tiragem. Mas ele estava enganado. A edição esgotou-se rapidamente, bem como dezenas de reedições em vários idiomas. Seria um dos livros mais famosos do século XIX. Seus conceitos revolucionariam o pensamento científico.

O nome do autor: Charles Darwin. O nome do livro: *A origem das espécies*. Nele, o naturalista inglês expunha uma teoria que desenvolvera em trinta anos de exaustivos labores e pesquisas, segundo a qual tudo o que vive está sujeito a constantes mutações. O aparecimento do Homem foi a culminância de um lento processo de evolução, iniciado há bilhões de anos com organismos unicelulares, e o último elo na imensa cadeia, antes do *Homo Sapiens*, foram os símios antropoides.

Como era de esperar-se, tão revolucionários raciocínios provocaram reações violentas.

— Ele quer destruir a *Bíblia*! O homem foi criado por Deus, que o moldou em barro e lhe concedeu a vida com seu sopro criador! — reclamavam os religiosos.

— Dizer que descendemos dos macacos é rematada tolice! O Sr. Darwin é um gozador! — proclamavam os cientistas.

Talvez o motivo principal de tantos pronunciamentos contrários fosse o terrível golpe desfechado contra o orgulho humano. O Homem sempre se considerara um ser à parte, algo especial. E ainda que fosse situado no ápice daquela pretensa evolução biológica, repugnava-lhe conceber que a diferença que o separava dos macacos, seus parentes mais próximos, era tão somente a capacidade de raciocinar e uma melhor apresentação estética. Que se admitisse, talvez, uma constante mutação na Natureza, mas envolvendo apenas os seres inferiores, nunca o Rei da Criação!

Todavia, muita gente esclarecida aceitou com entusiasmo as novas ideias, e durante decênios *A origem das espécies* foi objeto de renhidas disputas que empolgavam a opinião pública.

Não obstante a resistência acirrada, a teoria de Darwin foi-se firmando através dos anos, com a contribuição marcante de cientistas que acumularam provas e mais provas em seu favor. Embora ainda faltem alguns elos que completem o quadro evolucionista, já não se trata de uma simples teoria, e sim de conceito científico válido, do conhecimento de qualquer estudante secundário.

O próprio pensamento religioso admite hoje, com exceção de suas expressões mais retrógradas, que a Teoria da Evolução não compromete, em absoluto, os textos bíblicos.

Compreende-se que a *Bíblia* não deve ser tomada ao pé da letra, sob pena de cair-se no ridículo. Assim, os seis dias da Criação, segundo o *Gênesis*, representam, na realidade, períodos de milhões de anos em que, na oficina da criação, Deus preparou a entrada do Homem no cenário terrestre.

É importante lembrar que Darwin foi contemporâneo de Allan Kardec. A primeira edição de *O Livro dos Espíritos* antecedeu em dois anos a publicação de *A origem das espécies*. E, no livro *A Gênese*, Kardec não só admite que há uma evolução das formas físicas como lança um conceito muito mais amplo, segundo o qual há, igualmente, uma evolução espiritual. O Espírito também vem de expressões rudimentares e se aperfeiçoa, através de experiências milenárias, vividas em variados planos, até atingir a Perfeição.

O princípio da evolução espiritual é tão combatido quanto o foram as ideias de Darwin. Mas será o espírito humano uma criação acabada de Deus? Não indicam suas deficiências e fragilidades que ele ainda está em processo de aprimoramento? E se o Criador gastou bilhões de anos para preparar-lhe uma vestimenta carnal que ensejasse a experiência terrestre, por que limitar à brevidade de alguns decênios, de uma única existência, a decisão de seu futuro eterno?

É muito mais lógico admitir que o Espírito também evolui, como tudo no Universo. E do primitivismo à Angelitude, encontramos seres nos mais variados estágios evolutivos, todos a caminho da Perfeição, numa jornada tanto mais rápida quanto maior a experiência adquirida, para uma comunhão final em Deus, para sempre.

FANTASIA E REALIDADE

EMBORA SEJA o Centro Espírita instituto de iniciação espiritual, vezes inúmeras o procuramos mais pela necessidade de ajuda que pelo desejo de aprender.

É quando nos sentimos dominados pela depressão e indefinível sensação de mal-estar nos oprime; é quando dores não diagnosticáveis nos torturam e o desânimo nos sitia; enfim, é quando, segundo a terminologia espírita, somos visitados pela perturbação.

Ao contato do ambiente balsâmico, sob o efeito da palavra amiga de dedicados orientadores, e experimentando o benefício do passe magnético, aplicado por especialistas do Além, sentimo-nos reanimados e regressamos ao lar qual se houvéramos recebido poderosa medicação estimulante — infelizmente mal assimilada, porque em breve recrudescem aqueles males, a nos distanciar da tranquilidade.

É o nosso carma! — costuma-se dizer. Semelhante raciocínio, porém, nem sempre é admissível. Assim como o distúrbio da digestão é antes consequência do excesso alimentar do que sintoma de úlceras, nossas frequentes perturbações refletem muito mais os desajustes do presente que os desastres do passado. Assim como a glutoneria é fator de desequilíbrio orgânico, a intemperança mental é porta aberta para a invasão das sombras.

Por isso, a autoanálise, que possibilite identificar as falhas de nossa personalidade e seus reflexos na conduta diária, é preliminar indispensável no esforço da renovação, a fim de que o mal desapareça em definitivo e perdure a harmonia.

Todavia, nem sempre nos preocupamos com essa questão, e, quando o fazemos, é de forma superficial, distanciada da realidade.

"Hoje, não me sinto bem psiquicamente. Terei feito algo de errado ontem?"

"Pela manhã não esqueci a oração, e estudei *O Livro dos Espíritos* com atenção. Depois discuti com um vendedor que pretendia impor mercadoria inferior por alto preço. Deixei bem claro que não sou tolo!"

"Dediquei-me ao serviço no escritório durante o resto do dia, sem tempo para cogitações inferiores. O único incidente de que me recordo é que passei severa descompostura em alguns subordinados distraídos em conversa. Era preciso manter a ordem!"

"À noite compareci ao serviço mediúnico. A palestra do Orientador espiritual foi magnífica! Quantas lições! Após a reunião, conversei com alguns companheiros. Lembro-me de que lhes falei a respeito de um confrade. Alertei-os de que se trata de pessoa mesquinha, que não merece confiança nem respeito."

"Que terei feito de mal?"

Neste breve monólogo, podemos observar como é fácil identificar esclarecimento, disciplina e advertência em três atitudes mais acertadamente definidas como agressividade, prepotência e maledicência, fatores de sintonia com as esferas inferiores, o grande celeiro de perturbações.

À medida que nos aprofundamos no estudo da Terceira Revelação, melhor percebemos a grandiosidade da lição legada por Jesus ao recomendar oração e vigilância.

É indispensável vigiar atentamente nossos pensamentos e ações nos contatos com o próximo, conscientes de que, sempre que não expressarem pureza, estaremos a caminho do desajuste.

Quando isso acontecer, a prece sincera, de quem reconhece a própria fraqueza e deseja o melhor, será o recurso divino capaz de reajustar as nossas emoções para que o Bem seja mais forte.

PRESENÇA DA MEDIUNIDADE

Quando se considera que a mediunidade é um dom inerente a todas as criaturas humanas, ela deixa o âmbito da sessão espírita e passa a abranger todos os setores da atividade humana, como veículo notável de progresso.

Esta sensibilidade psíquica que coloca a criatura humana em comunhão com o plano espiritual tem favorecido, em todas as épocas, o seu aprendizado.

É evidente que, sendo a evolução uma Lei Divina, o Homem sempre evoluirá. Com o desenvolvimento intelectual ele entra paulatinamente no domínio das leis universais e aprende a definir sua própria condição. No entanto, o contato com o mundo invisível acelera o progresso, porquanto, à maneira de pacientes professores, os Espíritos o ajudam a encontrar o caminho.

Conjugam-se, assim, duas forças: a do Homem que oferece seu trabalho e a dos Espíritos que o inspiram, fazendo a transposição da sabedoria do plano espiritual para a realização no plano físico.

Na Medicina, por exemplo: Os médicos, de modo geral, contam sempre com a colaboração de generosos amigos espirituais que os inspiram em favor do doente, já que a jornada terrestre é preciosa dádiva da Providência Divina, que deve ser integralmente aproveitada.

Entretanto, como em tudo o que diz respeito à Mediunidade, há a questão da sintonia. Para que os Espíritos possam ajudá-los a diagnosticar a enfermidade com acerto e prescrever o tratamento com eficiência, depende de seus conhecimentos e de sua dedicação ao serviço.

Se o médico não tem vocação para o estudo e a reflexão, nem manifesta interesse legítimo pelo bem-estar do paciente; se, ao contrário, ele comercializar a prática da Medicina, pensando muito mais no lucro e muito menos no ideal de curar, então dificilmente poderá colher qualquer inspiração, por falta de elementos associativos no campo intelectual e de afinidade no campo psíquico.

Não apenas nos setores especializados, mas em qualquer atividade somos constantemente convocados pelos Espíritos para ajudar alguém.

No livro *Sexo e destino*, André Luiz relata o caso de uma jovem que marcara um encontro amoroso que poderia ter funestas consequências. Benfeitores desencarnados procuraram desviar o rumo dos acontecimentos. Mas ainda aqui é importante a questão da sintonia. Se os Espíritos não encontram instrumentos em condições de ajudá-los, a sua ação é limitada.

Diz André Luiz:

> Necessitava desdobrar medidas de proteção; entender-me com algum amigo encarnado, em ligação com o grupo; sugerir providências que evitassem a consumação do projeto; criar circunstâncias em que o socorro chegasse em nome do acaso, entretanto... Debalde, girei da pensão alegre ao escritório, do escritório à loja, da loja ao Banco, do Banco ao apartamento no Flamengo...

> Ninguém estendendo antenas espirituais, com possibilidades de auxílio, ninguém orando, ninguém refletindo... Em todos os lugares, pensamentos entouçados sobre raízes de sexo e finanças, configurando cenas de prazeres e lucros, com receptividade frustrada para qualquer interesse de outro tipo...

Sem encontrar apoio no plano físico, não foi possível evitar o encontro que, como temiam os amigos invisíveis, teve lamentável desfecho.

Quantas vezes os Espíritos nos terão procurado, pelos condutos da mediunidade, para atender a casos talvez não tão graves, mas em que a nossa atuação poderia significar conforto para um coração atribulado, socorro para o necessitado?

Estaremos atendendo aos seus apelos?

PASTORES DE HOJE

PARA O REDUZIDO grupo de pastores que guardavam seus rebanhos, aquela era uma noite diferente... Nunca as ovelhas estiveram tão tranquilas nem tão brilhantes as estrelas... Não experimentavam a solidão que costumava envolvê-los naquelas horas... Indefinível alegria felicitava seus corações...

Acomodados ao redor da fogueira, permutavam impressões, identificados na mesma certeza de que algo de grandioso estava acontecendo, quando viram surgir excelsa entidade angelical, que lhes falou:

— Não tenhais medo, pois venho trazer-vos uma notícia que, para vós, como para todo o povo, será motivo de grande alegria. Hoje, na cidade de Davi, nasceu o Salvador, que é o Cristo, o Senhor. Eis aqui o sinal que vos fará reconhecê-lo: encontrareis um menino envolto em panos e deitado numa manjedoura.

Aos olhos maravilhados daqueles humildes homens, dezenas de serafins chegavam, agora, formosos e resplandecentes, como astros que se desprendessem do lampadário celeste, a entoar em coro:

— Glória a Deus nas Alturas, paz na Terra, boa vontade para com os homens!

Após o encontro sublime, partem, apressados, os pastores. Nas cercanias de Belém encontram singelo estábulo... à porta um homem: era José. Pedem-lhe licença e entram. Sem sopitar as lágrimas, deparam a mais terna e comovedora cena jamais contemplada por olhar humano:

Em leito singelo, improvisado nas palhas da manjedoura, repousava um recém-nascido. Era belo como um sonho de felicidade! Os cabelos encaracolados pareciam emoldurar de luz sua face divina. Em seu olhar estava o brilho das estrelas e seu sorriso era toda uma promessa de ventura!...

Ao lado, sua mãe... muito jovem ainda, não teria mais de dezoito anos, mas revelava a serenidade das madonas e a solicitude dos anjos...

Dóceis animais domésticos completavam o quadro singelo de exaltação da humildade, que o Filho de Deus escolhera para iniciar sua exemplificação no mundo.

Os visitantes ali permaneceram algum tempo, empolgados com a presença do Salvador tão ansiosamente aguardado. A vida teria, agora, outro significado — seriam servidores do Grande Rei, que vinha para a redenção de todos os oprimidos e para a glória do povo de Israel!...

Todavia, a participação deles na epopeia cristã limitou-se à gloriosa noite. Desempenharam curto papel, desaparecendo, depois, no mais completo anonimato. Não estavam ao lado de Jesus menino, nem acompanhando, mais tarde, as pregações do

Mestre. Nenhum deles foi seu discípulo ou deu a vida pela causa evangélica. No entanto, ninguém, como eles, foi agraciado com revelações tão transcendentes.

Viram a Natureza vestir-se de festa para acolher o Senhor! Experimentaram as emoções da mais santa das noites! Viveram momentos de inspiração para uma eternidade de realizações... e continuaram a cuidar de seus rebanhos...

Guardaram para sempre, no íntimo do coração, a lembrança daquelas maravilhas, mas, presos aos interesses rotineiros, esqueceram o essencial: o Embaixador divino estava no mundo e convocava todos os homens de boa vontade para o seu serviço!

***

Sob muitos aspectos, repete-se com os espíritas a experiência dos camponeses judeus. Também fomos agraciados com bênçãos sublimes. Numes tutelares trouxeram-nos alvissareiras notícias: revelaram de onde viemos, porque estamos na Terra e para onde vamos; equacionaram os milenários problemas da dor e do destino; enunciaram leis eternas que regem o Universo, como a lei de causa e efeito, que determina que cada criatura colha o que semeou, a fim de que aprenda o que deve e o que não deve fazer; a lei da reencarnação, que estabelece que as existências na carne sejam repetidas até que o Espírito aprenda as lições da Vida; a lei de sintonia mediúnica, que prescreve que o homem seja alimentado e conduzido por influências espirituais que podem precipitá-lo no Abismo ou elevá-lo às Alturas, mas sempre de conformidade com o rumo que imprima à sua vontade.

Ilustram seus ensinos com visões do Além, que projetam nossa mente nos objetivos superiores da criação, e inundam nossos corações de conforto e esperança. É como se estivéssemos nas trevas e enxergássemos a luz; é como se fôssemos sonâmbulos e despertássemos. Sentimos, então, em sua plenitude, o amor de Deus, e nos empolgamos com a gloriosa destinação que Ele nos reserva.

Novos pastores de Belém, deslumbrados com tão intensas luminosidades, que fizemos do legado que nos foi confiado? Estamos trabalhando, com a força de nossos exemplos, pela disseminação dos princípios espíritas, a fim de que haja paz no mundo? Permanecem os interesses de Deus, consubstanciados nas normas codificadas por Allan Kardec, acima dos desejos humanos? Esforçamo-nos por corresponder às esperanças de Jesus?

Nem sempre, pois, passadas as emoções mais fortes de nosso encontro com a Terceira Revelação, tendemos a cuidar de nossos rebanhos... E tão distantes nos situamos de suas diretrizes e objetivos que, frequentemente, somos envolvidos por sentimentos negativos que nunca deveriam ter livre ingresso em nossos corações, como o pessimismo, a frustração e o medo.

Por que o pessimismo? Não somos filhos de Deus, herdeiros da Criação, em que tudo é beleza, harmonia e perfeição?

Por que a frustração? Não estamos no caminho da evolução, em que a dor é lição; a dificuldade, degrau, e a luta, abençoado exercício que desenvolve nossas potencialidades criadoras?

Por que o medo? Não nos rodeiam Espíritos amigos, afetos caros que nos incentivam e amparam, preparando-nos para o reencontro feliz, mais tarde?

Novos pastores de Belém, o grande mal de nossa vida é que ela é orientada pela ambição, quando, à face do muito que recebemos, deveria ser inspirada pelo ideal. E há uma diferença muito grande entre ambos, tão grande quanto a que separa a infelicidade da ventura, a intranquilidade da paz...

A ambição conduz a efêmeras conquistas humanas, as quais podem complicar o destino...

O ideal inspira as edificações eternas do Espírito, que encurtam o caminho da perfeição...

A ambição é combustível potente, mas que gera força desordenada a estabelecer o desequilíbrio...

O ideal é força invencível que transforma o Homem em instrumento do progresso e credor das bênçãos divinas...

O ambicioso, por pensar muito em si, em desfrutar de segurança, prazer, glória, riqueza, poder, resvala para o egoísmo, que o faz sempre infeliz, mesmo quando atendidos todos os seus desejos, por mantê-lo divorciado das realidades da existência...

O idealista, por pensar muito nos outros, em dar, ajudar, amparar, socorrer, eleva-se à vivência do Amor, lei suprema de Deus, o que o faz sempre feliz, mesmo na adversidade, por integrá-lo no ritmo da harmonia universal...

Por ambição do poder os romanos espalharam a destruição e o terror. Dominaram o mundo, mas seu império em breve reduziu-se a pó, permanecendo na memória dos povos como um pesadelo que deve ser esquecido...

Por ideal de servir, os cristãos disseminaram exemplos de sacrifício e renúncia... Foram trucidados por feras famintas e transformados em tochas vivas, no Circo Romano, mas edificaram, para sempre, os alicerces do Reino de Deus.

Eis a laboriosa metamorfose a que somos incentivados todos os dias pelos mensageiros do Senhor: da ambição humana que nos prende à Terra ao ideal espírita-cristão que nos conduz ao Céu.

Então teremos alcançado o significado mais amplo e belo do Natal de Jesus, e vibrarão, inextinguíveis, em nossas almas, os confortadores acordes do cântico sublime:

— Glória a Deus nas Alturas, paz na Terra, boa vontade para com os homens!

NATAL

Por um processo ainda não bem compreendido, as experiências humanas gravam-se na Consciência, prodigioso arquivo, acumulando impressões que poderão esmaecer, em face das limitações do veículo físico, mas que, tendo seu ponto de fixação real na alma, jamais se apagarão.

A soma desses registros forma a biografia do Espírito, patrimônio inalienável, cujo início se perde no passado distante, e que lhe será confiado à medida em que superar suas próprias deficiências.

Na história dos Espíritos encarnados e desencarnados que compõem a Humanidade há uma característica comum: a presença de Jesus.

Ontem ou há milhares de anos, ouvimos falar do Mestre inesquecível e, nos círculos de aprendizado situados no plano espiritual, fomos informados sobre a sua condição de Ministro do Eterno junto às coletividades que evoluem na Terra.

Sua figura augusta permanece indelevelmente gravada em nosso íntimo e, ainda que não o reconheçamos conscientemente, Ele é a grande inspiração de nossas vidas.

Polo magnético de nossas almas, Jesus representa a meta que devemos alcançar, atraindo-nos mansamente para Deus.

Por isso, embora desvirtuado pela comercialização e pelo lamentável culto ao estômago, nas festanças ruidosas, jamais o Natal perderá o seu significado transcendente, e apenas os que trazem o coração endurecido pela rebeldia sistemática, comprometidos nos enganos do mundo, não ouvem na acústica da alma o repicar festivo dos sinos de Belém, em notas de elevada espiritualidade, inefável alegria e confortadora esperança.

Falam de uma mensagem divina, cantada com a poesia do Sublime, a harmonia da Perfeição e o alcance da Verdade, mas, sobretudo, com a atração irresistível do Exemplo!

Carta viva de Deus, Jesus transmitiu nas ações de todos os momentos a Grande Mensagem, e em sua vida, mais que em seus ensinamentos, ela está presente.

Estende as mãos a infelizes leprosos que lhe imploram compaixão, restituindo-lhes a saúde...

Responde com palavras de compreensão à mulher samaritana que, inspirada em rancores raciais, se admira da solicitação de água que Ele lhe fizera, e a induz a pensar em Deus...

Recebe o centurião romano que lhe pede a cura do servo enfermo e, alheio ao ódio separatista, atende à rogativa...

Socorre obsidiados violentos de quem o povo tinha pavor, e afasta, com simples palavras, perseguidores invisíveis...

Convive sem constrangimento com pessoas de má vida, considerando que os sãos não necessitam de médico, e, conquistando-lhes a confiança, fortalece-lhes o caráter...

Atende a necessidades do corpo e do Espírito, multiplica pães e bênçãos...

Ressuscita mortos e consola aflitos...

E quando os poderes infernais, mancomunados com a ignorância humana, tentam envolvê-lo nas trevas, brilha ainda mais a sua Luz, em clarão inextinguível que iluminaria todos os caminhos do porvir.

Reconhece um traidor no próprio círculo íntimo de amizade e edificação, e não o repudia...

Prevê a deserção dos componentes do colégio apostólico e, ainda assim, distribui-lhes pão e vinho, exortando-os ao Bem...

Observa, na angústia do Calvário, a indiferença e a covardia daqueles a quem beneficiara, mas segue adiante, sem críticas ou queixas...

Pregado na cruz infamante, em extrema humilhação, contempla a multidão leviana e fria, e, sem cogitar de represálias celestes, pede ao Pai perdão para todos...

Diante dos discípulos perplexos e envergonhados, na Ressurreição gloriosa, ignora o passado, pensando no futuro, e, após desejar-lhes Paz, convoca-os novamente ao serviço...

Músico divino, o meigo Rabi da Galileia gravou na pauta da própria vida a Sinfonia do Amor, lei suprema de Deus!...

Porque somente o amor...

• sabe tocar as chagas alheias sem repugnância, limpando-as...

• se coloca acima das ofensas, renovando o ofensor...

• ignora o preconceito, aproximando-se dos que ele separa...

• pode sensibilizar obsessores e libertar obsidiados...

• se recusa a repudiar o pecador para eliminar o pecado, convertendo-o à virtude com os dotes da bondade e do esclarecimento...

- possui entusiasmo e dedicação suficientes para obter recursos que atendam à indigência material e espiritual...

- é suficientemente poderoso para vencer a morte e suficientemente terno para acalmar a aflição...

- perdoa sem condições, persevera sem dúvidas, luta sem cansaços, socorre sem exigência...

- dignifica verdadeiramente a criatura humana, transformando a dor em renovação e o sacrifício em glória...

Somente o amor, vivido em sua plenitude, pôde...

- fazer de Jesus, mais que simples taumaturgo, o Santo dos Santos; mais que simples mestre, o Condutor de almas; mais que simples embaixador, o Filho de Deus!

- envolver a Manjedoura de magnetismo tão profundo e contagiante que ela atravessou os séculos, tornando-se o símbolo eterno da Redenção Humana!

Este livro foi impresso
no Departamento Gráfico da
FEDERAÇÃO ESPÍRITA BRASILEIRA
na cidade do Rio de Janeiro
em julho de 2010.

www.febnet.org.br